utb 4891

AF791087


**Eine Arbeitsgemeinschaft der Verlage**

W. Bertelsmann Verlag · Bielefeld
Böhlau Verlag · Wien · Köln · Weimar
Verlag Barbara Budrich · Opladen · Toronto
facultas · Wien
Wilhelm Fink · Paderborn
A. Francke Verlag · Tübingen
Haupt Verlag · Bern
Verlag Julius Klinkhardt · Bad Heilbrunn
Mohr Siebeck · Tübingen
Ernst Reinhardt Verlag · München
Ferdinand Schöningh · Paderborn
Eugen Ulmer Verlag · Stuttgart
UVK Verlagsgesellschaft · Konstanz, mit UVK/Lucius · München
Vandenhoeck & Ruprecht · Göttingen · Bristol
Waxmann · Münster · New York

Nora Dainton

# Feedback in der Hochschullehre

Haupt Verlag

*Nora Dainton* ist ausgebildet als MA of Arts in Design sowie als Ausbildnerin mit eidgenössischem Fachausweis. Sie ist Dozentin am Institut Industrial Design, FHNW sowie am Institut angewandte Medien, ZHAW tätig. Als freiberufliche Dozentin unterrichtet sie auch in der Privatwirtschaft. Als Gestalterin setzt sie Projekte in den Bereichen Fotografie, Grafik und Produkt um.

Bibliografische Information der Deutschen Nationalbibliothek:
Die Deutsche Nationalbibliothek verzeichnet diese Publikation in der Deutschen Nationalbibliografie; detaillierte bibliografische Dateien sind im Internat über http://dnb.dnb.de abrufbar.

Copyright © 2018 Haupt Verlag

Das Werk ist einschließlich aller seiner Teile urheberrechtlich geschützt. Jeder Verwertung außerhalb der engen Grenzen des Urheberrechtsgesetzes ist ohne Zustimmung des Verlags unzulässig und strafbar. Das gilt insbesondere für Vervielfältigungen, Übersetzungen, Mikroverfilmungen und die Einspeicherung und Verarbeitung in elektronischen Systemen.

Umschlagsgestaltung: Atelier Reichert, D-Stuttgart
Satz: Die Werkstatt Medien-Produktion GmbH, D-Göttingen
Grafiken und Layoutkonzept: Nora Dainton

Printed in Germany

UTB-Band-Nr.: 4891
ISBN 978-3-8252-4891-8

# Inhaltsverzeichnis

# Einleitung

Feedback ist wie ein Schatz, der nur darauf wartet, gehoben zu werden. Dieses Buch soll Sie nicht nur überzeugen, dass sich die Grabarbeit lohnt, sondern Ihnen auch gleich die passenden Werkzeuge zum Graben liefern.

Warum?

Die Überzeugung, dass Feedback in der Lehre ein zentrales Thema ist, hat sich aus meinen praktischen Unterrichtserfahrungen heraus entwickelt. Ich möchte Impulse geben, die für den gezielten Einsatz von Feedback begeistern. Über diese Begeisterung hinaus möchte ich mit vielen Feedbackwerkzeugen Hand bieten, inspirieren und zum Ausprobieren anregen. «Feedback in der Hochschullehre» ist eine Aufforderung, sich ins Feld des Feedbacks zu begeben, zu experimentieren und neue Blickwinkel einzunehmen.

Wer?

Dieses Buch richtet sich an alle, die sich mit Feedback im Unterricht auseinandersetzen wollen. Sei es, weil wenig Erfahrung damit vorhanden ist oder sei es, weil schon seit Jahren das gleiche Feedbackinstrument genutzt und die Motivation dadurch etwas verloren gegangen ist. Es ist für den Unterricht auf Hochschulniveau und für die Erwachsenenbildung konzipiert. Die Inhalte lassen sich jedoch auch auf andere Stufen und Themengebiete übersetzen. Vielleicht kennen Sie ja die Erfahrung auch, dass sich Erkenntnisse aus dem Unterricht in übersetzter Form beim Umgang mit den eigenen Kindern einsetzen lassen. Der Physiker wird die aufgeführten Strukturen genauso verwenden können wie die Künstlerin, der Workshopleiter genauso wie die Dozentin. Vor allem aber ist dieses Buch von einer Praktikerin an Unterrichtende in der Praxis gerichtet.

Wie?

Bei meiner Arbeit als Dozentin stelle ich immer wieder fest, dass Bücher zu Pädagogik und Didaktik wenig gelesen werden. Als Gründe dafür werden Zeitmangel und Frustration über zu komplexe und zu theoretische Texte sowie fehlende Praxisbezüge genannt. «Feedback in der Hochschullehre» soll nicht ein weiteres ungelesenes Buch werden. Es ist ein praxisbezogenes Arbeitsbuch, welches kein profundes didaktisches Vorwissen braucht, um verstanden zu werden. Viele Beispiele der Autorin binden die Texte in die Praxis ein. Durch die handliche Leseführung über Stichworte in der Randspalte lassen sich Texte gut überfliegen. Jedes Kapitel hat eine Zusammenfassung, die das schnelle Lesen ermöglicht. «Feedback in der Hochschullehre» ist in 5 Hauptkapitel gegliedert. Kapitel 1 zeigt die Relevanz von Feedback auf und soll für die Sache «Feedback» begeistern. Kapitel 2 nimmt sich den Faktoren an, die Feedback erschweren oder verhindern. Kapitel 3 beleuchtet Facetten und Einsatzmöglichkeiten von Feedback und liefert Hinweise für den Umgang mit Rückmeldung. Diese Grundlagen unterstützen den Transfer von «begeistert sein» zu «anwenden». Mit Kapitel 4 erhalten Sie die Ausrüstung für die Praxis. Jetzt geht es ums Ausprobieren, Einsetzen und Anwenden. Um ein handliches Buch zu schaffen, habe ich versucht, einige komplexe Themen möglichst einfach zu halten. In der Natur von kompakt gehaltener Information liegt es, dass dabei einiges zu kurz kommt oder zu wenig Tiefgang bietet. Kapitel 5 bietet Hand, um vorhandene Lücken individuell zu schließen. Hier finden sich thematisch geordnete Literaturlisten, welche die vertiefte Auseinandersetzung mit persönlich gewählten Themen unterstützen.

Leserführung

Stichworte in den Randspalten sowie farbige Skizzen unterstützen die Erfassbarkeit des Textes. Farbliche Hervorhebungen in den Skizzen orientieren sich an folgendem Farbcode:

Blau = professionell ausgeführt, betrachtet oder leitende Elemente
Grün = in Ordnung, richtig
Rot = Problem, Störung, Achtung!
Gelb = hervorgehoben, neutral

Was?

Feedback kann als Impuls, Signal oder Output verstanden werden. Entstehen tut es immer aus einem Input. Es erzeugt Signale in unterschiedliche Richtungen: Wenn die Arbeit von Studierenden bewertet wird, erhalten diese ein Feedback zu ihren Leistungen; gleichzeitig ist das Feedback aber auch eine Bewertung der Unterrichtsqualität, weil die Leistung der Studierenden mit dem Input der Dozierenden zusammenhängt. Das Erkennen sowie das Generieren dieser Impulse verstehe ich als Grundlage von gutem Unterricht. Das Auswerten und Umsetzen von Feedback muss der natürlich folgende zweite Schritt sein, um der Auseinandersetzung mit diesen Signalen Sinn zu geben. «Feedback in der Hochschullehre» ist eine Aufforderung, sich diesen Signalen zu stellen.

Sichtweise/ Womit?

Die Art, wie wir etwas wahrnehmen, beeinflusst unser Handeln. Eine ganzheitliche Sicht in der Lehre und somit auch im Themenfeld «Feedback» ist wichtig, sie erweitert unseren Handlungsspielraum.
Was bedeutet aber «ganzheitlich»? Es bedeutet, sich auf verschiedene Perspektiven einzulassen, verschiedene Blickwinkel zu suchen und andere Sichtweisen auszuprobieren.
«Wenn Akteure sich in Netzwerke einfügen, ergeben sich Relationen, Verbindungen und Beziehungen, die durch Prozesse verschiedener Art eingegangen, aufgelöst, transformiert und fixiert werden.»[1]

Mit diesem Statement führt Andréa Belliger in ihrem Handbuch zur Akteur-Netzwerk-Theorie (ANT) ein Feld ein, das passender für die Gedankengänge von Feedback nicht sein könnte. Die ANT[2] ist relevant als Schlüsselgedanke für das Themenfeld von Feedback, weil sie neue Sichtweisen eröffnet. Dadurch, dass nicht nur Mensch-zu-Mensch-Verbindungen betrachtet werden, sondern unterschiedliche Beziehungen zwischen Akteuren[3] beleuchtet werden, ergeben sich neue Ideen, Informationen und Möglichkeiten, um Prozesse zu hinterfragen und anzupassen. Der Miteinbezug von Akteuren bietet neue Blickwinkel und führt zu anderen Perspektiven, die den Unterricht bereichern.

Einladung

Nun wünsche ich Ihnen viel Spaß beim Lesen und Ausprobieren! Ihre Meinung und Ihre Erfahrungen interessieren mich. Ich bin auf Ihr Feedback gespannt und offen für Hinweise und Anfragen.[4]

Nora Dainton

Feedback ist wie ein Schatz, der nur darauf wartet, gehoben zu werden. Geben, nehmen und nutzen Sie dieses Potenzial.

1 Belliger, Andréa: ANThology. Ein einführendes Handbuch zur Akteur-Netzwerk-Theorie. Bielefeld: transcript Verlag, 2006, S. 24

2 Die ANT kommt aus der Sozialwissenschaft. Sie hebt sich von anderen Theorien ab, indem sie das Soziale nicht nur darüber definiert, was zwischen Menschen entsteht, sondern es als zwingend betrachtet, dass nichtmenschliche Entitäten in die Betrachtung miteinbezogen werden. Belliger Andréa: ANThology. Ein einführendes Handbuch zur Akteur-Netzwerk-Theorie. Bielefeld: transcript Verlag, 2006, S. 30–37

3 Die ANT versteht unter Akteuren sowohl menschliche als auch nichtmenschliche Entitäten, die gleichberechtigt in einem Netzwerk agieren. So ist ein Stuhl oder ein Buch genauso ein Akteur im Netzwerk «Unterricht» wie die Lehrperson.

4 Sie erreichen mich unter dainton@wegleuchte.ch

# 1 Bedeutung und Wert von Feedback

Eine Werkstatt ist voller Werkzeuge, die unterschiedlich intensiv genutzt werden. Lieblingswerkzeuge zum Beispiel werden oft genutzt. Sie bereiten Freude, weil dem Anwender klar ist, wie sie einzusetzen sind und was ihr Nutzen ist. Der Umgang mit ihnen fällt leicht. Dann gibt es jene Werkzeuge, bei denen die Anwendung nicht klar ist oder keinen Sinn ergibt. Sie liegen verstaubt in der unteren Schublade. Manchmal wird aus der Notwendigkeit heraus doch noch zu einem weniger beliebten Werkzeug gegriffen. Ist der Einsatz erfolgreich, wird es wieder und wieder verwendet. Plötzlich findet sich dieses Werkzeug in der oberen Schublade bei den Lieblingswerkzeugen wieder.

Was?

Dieses Kapitel beleuchtet den Wert Feedback und will dessen Potenzial verdeutlichen. Es soll dazu motivieren, im Sinn der oben erläuterten Werkstatt-Analogie in die untere Schublade zu greifen, um das wenig genutzte Werkzeug «Feedback» herauszuholen, es neu kennenzulernen und mit neuer Begeisterung in den Lehr- und Lernalltag zu integrieren.

Ist Feedback für Sie bereits ein viel genutztes Werkzeug, dann bietet dieses Kapitel vielleicht neue Blickwinkel, die Sie zu neuen Überlegungen führen.

## 1.1 Was ist Feedback?

Output

Wenn der Geschirrspüler piepst, um das Ende des Waschvorgangs anzuzeigen, dann ist das ein Feedback. Wenn ein Student vergnügt über den gemeinsamen Ausflug spricht, wenn nur die Hälfte der Klasse zum Unterricht erscheint oder wenn eine Leistung mittels Note beurteilt wird, dann sind auch dies Momente von Feedback. Kurzum: Feedback bedeutet Rückmeldung, vom einfachen Signal bis hin zur komplexen Nachricht. Feedback ist eine Reaktion auf eine Aktion.
In Bezug auf den Unterricht kann Feedback vom Lernenden an den Lehrenden gehen oder umgekehrt und erfolgt in unterschiedlicher Form

und Komplexität. Es bezieht sich auf den Unterrichtsstoff, die Art der Vermittlung und das Setting der Vermittlung oder gibt Auskunft über die Leistung eines Lernenden.
Wird Feedback im Sinn der Akteur-Netzwerk-Theorie (ANT)[1] betrachtet, können weitere Faktoren miteinbezogen werden. Da die ANT sich auch für nichtmenschliche Akteure und deren Einfluss auf ein Netzwerk interessiert, geben in ihrem Sinn nicht nur Menschen Feedback, sondern auch Objekte, Räume, Situationen etc. Diese Sichtweise ist für das Thema «Feedback» interessant, weil sie ein ganzheitlicheres Bild erzeugt und mehr Ansatzpunkte für Interventionen bietet.

Information

Feedback ist immer in irgendeiner Art und Weise vorhanden. Es kann im Sinn von «ich sehe im Unterricht drei Studierende schlafen» wahrgenommen werden oder es kann aktiv und bezogen auf bestimmte Themenfelder nach Feedback gefragt werden; so zum Beispiel: «Hat Ihr Schlafen persönliche Gründe oder langweilen Sie sich im Unterricht?». Feedback ist Information, die beobachtet, erfragt oder gegeben werden kann. Im Idealfall entsteht so Input, der für die Verbesserung vom Unterricht genutzt wird. Für den Studenten entsteht Rückmeldung zu seiner Leistung, die im Idealfall für die eigene Qualitätssteigerung verwendet wird.

Teil eines Prozesses

Feedback ist Output, der auf Input folgt und in Form von Input wiederum Output erzeugt. Rückmeldung bewegt sich in einem Kreislauf, sie ist Teil eines Prozesses. Der Zusammenhang zwischen Rückmeldung und den daraus entstehenden Prozessen ist wichtig, denn: «Das Verhalten eines Systems wird von seiner Vergangenheit beeinflusst.»[2]
Ein sich wiederholender Prozess hat selbstverstärkende Eigenschaften. Diese Verstärkung kann sich positiv oder negativ auswirken. Beispiel: Weil der Unterricht jeweils etwas später anfängt als gemäß Stundenplan vorgesehen, kommen die Studierenden stets ein bisschen verspätet. Als Folge davon beginnt der Unterricht dann noch einmal ein bisschen später. Dieses System verstärkt sich laufend selber, bis es irgendwann einmal einen Punkt überschreitet und in ein anderes System übergeht; beispielsweise eine Intervention einer entnervten Lehrperson, die in harschem

Tonfall verkündet: «Das geht so nicht. Von nun an beginnen wir wieder pünktlich. Wenn Sie um 9 Uhr nicht anwesend sind, können Sie erst wieder um 10 Uhr zur Vorlesung stoßen.»

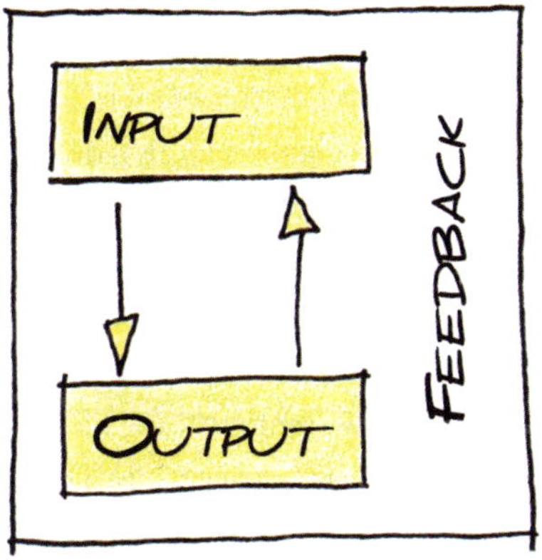


Feedback ist Output, der auf Input folgt und in Form von Input wiederum Output erzeugt.

Kommunikation

Findet Austausch von Informationen statt, handelt es sich um Kommunikation. Feedback ist somit Kommunikation. Der Austausch von Information beinhaltet immer das Risiko von Missverständnissen. Dementsprechend groß ist bei Rückmeldungen das Potenzial zum Miss- oder Unverständnis. Für den Umgang mit Feedback ist es gerade deshalb hilfreich, sich mit Kommunikation und deren Tücken und Fallen auseinanderzusetzen. Hilfestellungen zum Umgang mit Kommunikation finden sich in Kapitel 3.2.

## 1.2 Was bringt es? Was ist das Ziel?

Chance

Negativ empfundene Faktoren im Unterricht verringern die Fähigkeit zur Informationsaufnahme, positive erhöhen die Bereitschaft zum Lernen. Überspitzt gesagt: Die müde Person, die sich nicht verstanden fühlt, den Sinn der Lerneinheit nicht sieht und frierend auf einem unbequemen Stuhl sitzt, wird einen deutlich geringeren Lerneffekt erfahren als jene,

die in einer angenehmen Lernumgebung motiviert und begeistert am Unterricht teilnimmt.
Feedback kann «Fehler»[3] in einem System offenlegen. Das Aufdecken von Fehlern eröffnet die Chance zur Verbesserung. Fehler sind hier positiv zu bewerten, weil sie eine Chance eröffnen, negative Faktoren zu erkennen, anzugehen und ins Positive zu wenden.
Aus eigener Erfahrung weiß ich jedoch, dass dies in der Theorie schlüssig und einfach tönt, der Umgang mit «Fehlern» im Unterricht sich jedoch als große Herausforderung erweist. «Fehler» aufdecken hat mit dem Annehmen von negativer Rückmeldung zu tun. Auf Wege, diese Hürde in der Praxis zu meistern, gehe ich in Kapitel 2 vertieft ein.

Potenzial nutzen

Feedback erzeugt Information. Wird diese zur Weiterentwicklung des Unterrichts genutzt, so ist das eine Chance für Qualitätssteigerung. Die Steigerung der Unterrichtsqualität durch die Integration von Feedback wird seit vielen Jahren untersucht und gilt als mehrfach belegt. Die Arbeit von John Hattie ist hier wegweisend. In seinem Buch «Lernen sichtbar machen»[4] hat er empirische Belege über die Wirksamkeit von Feedback zusammengetragen und zeigt auf, dass dieses großes Potenzial birgt. Er postuliert im selben Buch, dass der stärkste Einfluss zur Verbesserung der Lernleistung Feedback ist.[5] Folgerichtig fordert Hattie, dass Lehrpersonen nach der Wirkung des eigenen Handelns fragen und mittels Rückmeldung nach Belegen für diese suchen sollen.[6] Er sieht Feedback als zwingenden Prozess, um das eigene Handeln in der Lehre zu reflektieren.

Lerneffekt

Das Anleiten eines Studenten zielt auf Lernerfolg ab. Der Dozent, der seine Arbeit reflektiert, erfährt einen Lerneffekt. Die Schulleitung, die sich mit gesammelten Rückmeldungen auseinandersetzt, lernt etwas über den Zustand des Unterrichts. Diese Beispiele zeigen unterschiedliche Arten und Ebenen von Feedback[7] auf und betreffen unterschiedliche Stakeholder[8]. Ihre Gemeinsamkeit liegt darin, dass Feedback bei allen drei Beispielen in Bezug zum Lerneffekt steht. Dies verdeutlicht, dass Feedback das Potenzial zur Steigerung des Lerneffektes birgt und somit zur Steigerung der Unterrichtsqualität beiträgt.

Feedback-
spirale

Feedback darf nicht darauf beschränkt sein, generiert und gesammelt zu werden, sondern muss zu Output führen, der zurück in den Unterricht oder in den Lernprozess gespeist wird und so hilft, Lehr- und Lernleistung zu überprüfen und zu verbessern. Erst das Offenlegen und Wahrnehmen von Information durch Feedback gibt dem Dozenten die Möglichkeit, gezielt mit diesen Faktoren zu arbeiten.
Feedback ermöglicht einen sich stets erneuernden und verbessernden Prozess. Oft wird dieser als Kreislauf oder Feedbackschleife (zweidimensional) dargestellt.[9] Um ein noch passenderes Bild für diesen Prozess zu bieten, stelle ich die Feedbackschlaufe gerne dreidimensional dar. Eine dreidimensional dargestellte, aufsteigende Spirale zeigt nicht nur das «wieder Einfließen von Information» in den Prozess, sondern den direkten Nutzen derselben: Der Lehrende oder Lernende kommt immer wieder an ähnlichen Stellen vorbei. Durch das genutzte Feedback befindet er sich jedoch auf einer neuen, höher gelegenen Ebene. Die Feedbackspirale stellt Ziel und Nutzen von Feedback in Einem dar.

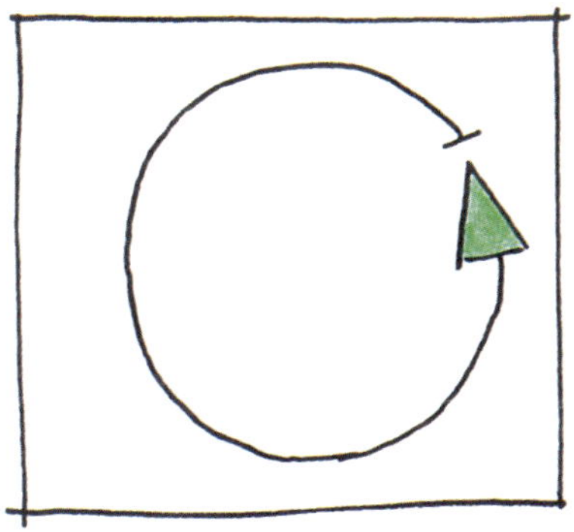

Feedbackschlaufe: Das Sammeln und das Zurückführen von Feedback als Kreislauf dargestellt.

Feedbackspirale: Die dreidimensionale Darstellung weist auf Ziel und Nutzen in Einem hin.

Erfolg

Der stetig verbesserte und qualitativ hochstehende Unterricht schlägt sich im Endeffekt im Erfolg des Studiums nieder. Die Qualität des Inputs an einer Schule spiegelt sich direkt im Output derselben wieder. Der Output sind erfolgreiche, ausgezeichnete Abschlussarbeiten und am Arbeitsmarkt erfolgreiche Studenten. So gesehen ist das Ziel von Feedback auch der Erfolg des Studiengangs oder der Institution, die hinter diesem steht.

## 1.3 Wem bringt Feedback etwas?

Stakeholder

Ein wichtiger Schlüssel zum Erfolg von Feedback ist die Begeisterung dafür. Um Begeisterung zu spüren, ist es zentral, den Wert von Feedback zu erkennen. Um den großen Wert von Rückmeldungen zu belegen, schlüssle ich das «wem bringt es etwas» mittels der Betrachtung von Stakeholdern[10] und ihrem möglichen Nutzen auf. In der Praxis empfehle ich dies nicht nur für sich selber durchzuspielen, sondern für die Studierenden sichtbar zu machen. Ich mache immer wieder dieselbe Erfahrung: Wenn ich Ziel und Nutzen von Feedback offenlege, ist die Ausbeute beziehungsweise die Information, die zurückfließt, viel substanzieller.

**Die Studentin/der Student ...**

... denkt darüber nach, was gut/schlecht, nützlich/hinderlich etc. war. Es findet eine Auseinandersetzung statt, die zu Erkenntnis führt. Diese kann sich auf das eigene Lernen oder auf das Lehren des Dozenten beziehen.

... reflektiert den Unterricht, um Feedback geben zu können. Reflexion ist auch Repetition und trägt zur Orientierung im Lerngeschehen bei und unterstützt so die Festigung von Gelerntem. Feedback generiert zusätzlichen Lerneffekt.

... gibt Rückmeldung, um sich an der Weiterentwicklung vom Unterricht zu beteiligen.
Je nachdem, wann das Feedback gegeben (eingeholt) wird, wirkt sich der Output entweder auf die aktuelle Einheit aus, oder nachfolgende Studierende können vom angepassten Unterricht profitieren.

… setzt sich mit der persönlichen Meinung ein.
Durch die aktive Beteiligung an der Weiterentwicklung vom Unterricht steigt die Identifikation mit diesem. Dies verstärkt wiederum die Motivation zu lernen, ein verstärkter Lerneffekt wird erzielt.

… empfindet durch das Fragen nach seiner Meinung Wertschätzung.
Der Student erhält das Signal «Deine Meinung zählt». Er sieht den Wert des eigenen Inputs.

… hat Spaß am Studium.
Die positive Einstellung zum Unterricht macht die eigene Arbeit leichter. Spaß steigert die Motivation, eigenen Einsatz zu leisten, und die Überzeugung, das Richtige zu studieren.

**Der Dozent/die Dozentin …**

… erhält Feedback und reflektiert die eigene Arbeit.
Durch Reflexion werden Stärken und Schwächen in der eigenen Arbeit erkennbar gemacht. Daraus werden Informationen gezogen, die zurück in die eigene Arbeit einfließen und diese positiv beeinflussen können. (Durch das Auswerten von empirischen Studien ist Hattie zum Resultat gekommen, dass der größte Lerneffekt stattfindet, «wenn die Lehrpersonen zu Lernenden ihres eigenen Unterrichts und Lernende zu ihren eigenen Lehrpersonen werden».[11])

… schaut aus der Perspektive der Metaebene auf den Unterricht.
Diese übergeordnete Sichtweise ermöglicht eine andere Sicht auf die eigene Arbeit. Es entstehen Blickwinkel, die zu neuer Erkenntnis führen. Dies kann dem Festgefahrensein entgegenwirken.

… erweitert den eigenen Horizont.
Der Lehrende erhält Informationen dazu, welche Aspekte überarbeitet werden könnten, fördert so die eigene Entwicklung und erweitert seinen Horizont. Die eigene Arbeit erhält mehr Facetten.

… überprüft und hinterfragt seinen Unterricht und lässt Feedback in den Unterricht zurückfließen.
Durch das Hinterfragen von Unterrichtseinheiten wird die Qualität derselben geprüft. Neuer Input wird verwendet, um durch Anpassungen die Qualität zu steigern. So wird Qualitätssicherung und Qualitätssteigerung der eigenen Arbeit erreicht.

… unterrichtet nicht mehrfach genau das Gleiche und bleibt im Geist beweglich.
Mehrfach genau gleich durchgeführte Module führen zu Langeweile. Die Wachheit und Motivation leidet und führt zu einer weniger guten Performance des Dozenten und somit zu weniger gutem Unterricht.

… hat Spaß an der Arbeit.
Neues ausprobieren, Inhalte erweitern und den Erfolg der eigenen Anpassungen erleben, motiviert und macht Spaß. Freude an der eigenen Arbeit führt zu mehr Lebensqualität.

**Die Schule/die Institution/der Studiengang …**
… erhält Einsicht in einzelne Module und deren Wirkung.
Dieser zusätzliche Einblick wirkt dem Entstehen von «blinden Flecken» entgegen. Ein gewisser Überblick ist gewährleistet. Qualitätssicherung findet statt.

… reflektiert die Inhalte des Studienangebots.
Reflexion zu Modulen kann zu neuen Einsichten und somit zu neuen Angeboten führen. In der Folge wird die Qualität des Studienangebots gesteigert.

… beschäftigt sich mit der Aktualität von Inhalten.
Ständige Weiterentwicklung von Modulen hilft, aktuell zu bleiben. Dies ist ein wichtiger Teil von Qualitätssicherung.

… bildet erfolgreiche Studierende aus.
Die Steigerung der Qualität von Unterricht steigert die Qualität der Schule selbst. Qualitativ hochstehender Unterricht führt zu erfolgreichen Studierenden. Dies ist die Grundlage für eine erfolgreiche Positionierung des Studienangebots am Markt.

… führt ein motiviertes Team an qualitativ hochstehenden und erfolgreichen Dozierenden.
Motivierte Dozierende, die sich mit der eigenen Arbeit und mit der Schule identifizieren, sind wertvoll. Sie sind maßgebend an der Qualität des Studienangebotes beteiligt.

**Die Gesellschaft …**
… erhält einen Gegenwert für ihre Investition.
Studienangebote kosten die Gesellschaft viel Geld. Wenn nun die eingesetzten Ressourcen motivierte Studierende hervorbringen, die viel lernen und später als kompetente Arbeitskräfte ihre Energie wieder in die Gesellschaft zurückgeben, dann lohnt sich die Investition.

## 1.4 Zusammenfassung

Kernpunkte zum Wert und der Bedeutung von Feedback:

- Feedback ist wertvolle Information, die als Chance wahrgenommen werden soll.
- Feedback zielt auf die Verbesserung von Unterricht ab.
- Feedback ist Kommunikation, die an Missverständnissen scheitern kann.
- Feedback ist komplex und spielt sich auf unterschiedlichen Ebenen ab.
- Feedback birgt das Potenzial zur Steigerung von Unterrichtsqualität.
- Von Feedback profitieren alle Beteiligten.

1 Belliger, Andréa (Hrsg.): ANThology. Ein einführendes Handbuch zur Akteur-Netzwerk-Theorie. Bielefeld: transcript Verlag, 2006

2 Beetz, Jürgen: Feedback. Wie Rückkopplung unser Leben bestimmt und Natur, Technik, Gesellschaft und Wirtschaft beherrscht. Berlin: Springer Spektrum Verlag, 2016, S. 24

3 Hattie definiert Fehler wie folgt: «Ein Fehler ist der Unterschied zwischen dem, was wir wissen und tun können, und dem, was wir zu wissen und tun beabsichtigen.» Hattie, John: Lernen sichtbar machen für Lehrpersonen. Baltmannsweiler: Schneider Verlag, 2014, S. 131

4 Hattie, John: Lernen sichtbar machen. Baltmannsweiler: Schneider Verlag, 2015

5 Hattie, John: Lernen sichtbar machen. Baltmannsweiler: Schneider Verlag, 2015, S. 15

6 Hattie, John: Lernen sichtbar machen für Lehrpersonen. Baltmannsweiler: Schneider Verlag, 2014, S. 19, S. 169

7 Auf das Thema «Arten von Feedback» wird im Kapitel 2 vertieft eingegangen.

8 Unterschiedliche Stakeholder und ihr Nutzen werden im Kapitel 1.4 behandelt.

9 Hallet, Wolfgang: Didaktische Kompetenzen. Lehr- und Lernprozesse erfolgreich gestalten. Stuttgart: Klett Lernen und Wissen GmbH, 2006, S. 116

10 Als Stakeholder wird eine Person oder Gruppe bezeichnet, die ein berechtigtes Interesse am Verlauf oder Ereignis eines Prozesses oder Projektes hat. Gessler Michael (Hrsg.): Kompetenzbasiertes Projektmanagement. 4. Auflage. Nürnberg: Deutsche Gesellschaft für Projektmanagement, 2011, S. 71.

11 Hattie, John: Lernen sichtbar machen für Lehrpersonen. Baltmannsweiler: Schneider Verlag, 2014, S. 16

# 2 Wo klemmt es?

Das gebrannte Kind scheut das Feuer: Habe ich mit einem Werkzeug schon einmal schlechte Erfahrungen gemacht, lass ich lieber die Finger davon. Dasselbe gilt, wenn sich das Werkzeug anders verhält als erwartet. Zweifel über dessen Funktion sind dann schnell zur Hand. Wenn ich aber weiß, wie ich das Werkzeug in der Hand halten muss, damit es keine Verletzung gibt, oder wo ein Tropfen Öl die Verklemmung löst, dann können schlechte Erfahrungen durch gute ergänzt werden und zum erfolgreichen Umgang mit dem Werkzeug führen.
Wo liegen denn die «Klemmpunkte» bei Feedback in der Lehre? Welche Faktoren können dazu führen, dass dieses wertvolle und effektive Werkzeug nicht oder nicht ausreichend eingesetzt wird? Dieses Kapitel setzt sich mit möglichen Gründen auseinander. Aus ihren Unterrichtserfahrungen hat die Autorin zu den genannten Schwierigkeiten mögliche Auswege abgeleitet. Im Speziellen wird negatives Feedback als schwieriger Bereich beleuchtet.

## 2.1 Einflussfaktoren

Soziokulturelle Faktoren, institutionsübergreifende Vorgaben und gegebene Rahmenbedingungen sind von außen zugetragene Faktoren, die Einfluss ausüben. Sie sind nicht direkt veränderbar, jedoch erkennbar und in ihrer Wirkung beeinflussbar.
Direkt beeinflussbar ist im Gegensatz dazu der selbst gewählte Umgang mit der Thematik «Feedback». Er bestimmt mit, ob der Einsatz von Feedbackwerkzeug Erfolg hat. Der Volksmund nennt dies «des eigenen Glückes Schmied sein».

Übersättigung

Unter dem Schlagwort QM (Qualitäts-Management) ist in den letzten Jahren ein ganzer Wirtschaftszweig entstanden, der organisatorische Maßnahmen zur Verbesserung der Qualität von unterschiedlichen Produkten erstellt. Ein zentraler Bestandteil von QM ist das Überprüfen von Leistung mit dem Ziel, die Qualität zu verbessern. Für den Nutzer

sieht das dann so aus: Keine Dienstleistung, die nicht mit der Bitte um ein Feedback retourniert wird. Die frisch gekauften Strümpfe sollen genauso wie die telefonische Beratung und das soeben besuchte Modul bewertet werden. Die schiere Menge an gefordertem Feedback und die kleine Menge an effektiver Qualitätssteigerung, die der einzelne Nutzer erfährt, dämpfen die Motivation, sich am Feedback zu beteiligen.
Schwierigkeit: Diese «Feedbackermüdung» kann den eigenen Umgang mit Feedback beeinflussen. Und es ist zu erwarten, dass die Personen, bei denen Feedback eingeholt wird, genauso feedbackgesättigt sind wie wir selbst.
Auswege: Die Problematik ansprechen, bewusst machen und den Nutzen von Feedback herausstreichen (siehe auch «Nicht erkannter Nutzen» unten). Sich im Vorfeld damit auseinandersetzen, was mit dem Einholen von Feedback erreicht werden soll. Lieber weniger fragen, dafür gezielte Antworten erhalten.

Nicht erkannter Nutzen

In der ständigen Informationsflut ist es schwierig, den Sinn von jedem Input zu erkennen. Ist der Nutzen jedoch nicht klar, wird die Information in ihrer Wichtigkeit automatisch herabgestuft. Die Chance, dass danach noch ernsthaft Energie investiert wird, schwindet.
Schwierigkeit: Fehlende Transparenz führt dazu, dass der Nutzen nicht sichtbar ist. Die abgefragte Information scheint manchmal wahl- oder ziellos.
Ausweg: Das Einholen und Geben von Feedback jeweils begründen. Indem Transparenz geschaffen und der Wert sichtbar gemacht wird, kann das Gegenüber motiviert werden, präzises und gehaltvolles Feedback zu geben.

Interner Umgang

Die Kultur, die in einer Institution gelebt wird, wirkt sich auf den Unterricht aus. Das betrifft auch den internen Umgang mit Feedback, die sogenannte Feedbackkultur[1].
Alleine gegen den Strom anschwimmen ist anstrengend. Hat Feedback in einer Institution jedoch einen hohen Stellenwert und wird es als Instrument gepflegt, wird es kaum je «klemmen». Wo jedoch die Ermunterung zu Feedback und Fördermaßnahmen fehlt, ist es für den Einzelnen schwieriger, das Werkzeug gut einzusetzen.

Schwierigkeit: Je nach Größe der Institution und bestehender Strukturen ist es als Unterrichtender nicht möglich, Einfluss auf die Feedbackkultur zu nehmen. Das Einholen von Feedback mit Substanz in einem solchen Umfeld wird mehr Arbeit erfordern.
Ausweg: Die Gruppe erhält gezielt Input zum Umgang mit Feedback. Der Nutzen wird differenziert erklärt.

Zeitnot

Das Fehlen von Zeit ist ein allgegenwärtiges Problem.
Schwierigkeit: In der Regel hat man beim Unterrichten mehr Inhalte und Ideen, als in der zur Verfügung stehenden Unterrichtszeit gelehrt werden kann. In der Unterrichtspraxis erlebe ich deshalb immer wieder Situationen, in denen Feedback als zeitraubendes Instrument, als etwas, das halt auch noch gemacht werden muss, empfunden wird.
Ausweg: Bereits bei der Planung der einzelnen Unterrichtselemente Feedback als Teil des Unterrichts anerkennen und je nach Situation abschätzen, wie wichtig es ist. Daraus ableiten, wie viel Platz ihm eingeräumt werden soll. Als Element von Zeitmanagement überlegen, wann Feedback Sinn macht[2].

Werkzeug

Standardisierte und großflächig angewandte Feedbackinstrumente haben durchaus ihre Berechtigung; sie geben einen Gesamteindruck und liefern vergleichbare Werte. Sie können aber im Einzelnen ungenau sein, weil sie auf ein fixes Ziel gerichtet sind und nicht zwingend die Information zutage fördern, die der Dozent oder die Dozentin braucht.
Schwierigkeit: Der Einsatz von Standardwerkzeugen bringt nicht den erhofften Output. Das Instrument wird als wenig hilfreich wahrgenommen. Der Dozierende wird in der Annahme, dass Feedback wenig bringt, bestätigt. Der zusätzliche Aufwand für das Feedback scheint wenig Sinn zu machen.
Ausweg: Die Dozierenden müssen das Problem erkennen und auf den mageren Output reagieren. Die Lösung müssen sie selber liefern, indem das Standardwerkzeug angepasst oder ergänzt wird.[3]

Haltung

Dem Dozenten oder der Dozentin ist der Nutzen von Feedback nicht klar. Das merkt der Studierende und gibt folglich halbherzig Feedback.

Diese Rückmeldung bringt wenig, der Dozierende fühlt sich bestätigt in der Annahme, dass sich der Aufwand nicht gelohnt hat. Eine klassische Abwärtsspirale beginnt sich zu drehen.

Schwierigkeit: Der Glaube an das Werkzeug «Feedback» und die Begeisterung dafür fehlen.

Ausweg: Um das negative Bild von Feedback zu durchbrechen, muss der Dozierende für die Sache gewonnen werden. Die Unterstützung und Förderung aller Beteiligten im Sinne der Feedbackkultur[4] ist wichtig. Der überzeugte Dozierende wird seinen Studierenden die Idee und den Zweck von Feedback aufzeigen und sie zum Geben von inhaltsvollem Feedback motivieren können. Die überzeugten Studierenden geben substanzielleres Feedback. Der Dozierende ist in seiner Überzeugung, dass sich der zusätzliche Aufwand lohnt, bestärkt. Eine Aufwärtsspirale beginnt sich zu drehen.

Unter dem Strich

Um informative Rückmeldungen oder den gewünschten Output zu erhalten, müssen zwei Dinge vorhanden sein: eine positive Haltung in Bezug auf Feedback und zielgerichtete Feedbackinstrumente.[5]

Übersättigt von ständig gefordertem Feedback, in Zeitnot und mit dem falschen Instrument ist der Wert von Feedback schwer ersichtlich.

Positive Haltung und zielgerichtete Feedback-Werkzeuge führen zu wertvollem Output.

## 2.2 Negatives Feedback

Wird negatives Feedback erwartet oder ausgesprochen, klemmt es beim Umgang mit Feedback oft. Dem liegt zugrunde, dass negatives Feedback als unangenehm empfunden wird und im allgemeinen Verständnis als etwas Schlechtes verankert ist. Dementsprechend entstehen Strategien, negatives Feedback zu umgehen. Das ist ungünstig, denn so gehen Chancen und wichtige Elemente von Feedback verloren. Die Haltung gegenüber negativem Feedback aus dem Nichts zu ändern, scheint aber schwierig. Was also soll man in dieser Situation tun?

zwei Sichtweisen

Von der persönlichen Warte aus betrachtet ist positives Feedback schön und tut gut. Negative Rückmeldungen hingegen sind unangenehm und fühlen sich schlecht an. Aus professioneller Sicht betrachtet ergibt sich jedoch ein anderes Bild: Positives Feedback ist wohl schön, birgt aber wenig Potenzial zur Verbesserung; es ist daher von ziemlich beschränktem Wert.[6] Daraus leitet sich ab, dass negatives Feedback für die persönliche Entwicklung wegweisend sein kann. Es soll nicht nur zugelassen, sondern aktiv gesucht werden.

persönliche Ebene, professionelle Ebene

Für den Umgang mit negativem Feedback[7] ist die Unterscheidung zwischen persönlicher und professioneller Ebene zentral. Die persönliche Ebene (Beziehungsebene) bezieht sich auf zwischenmenschliche Faktoren, die von Gefühlen und Intuition geleitet sind. Feedback auf dieser Ebene bezieht sich auf die Person und ist subjektiv. Im Gegensatz dazu ist die professionelle Ebene als Sachebene zu sehen, die sich auf objektive Fakten stützt und bei der sich Feedback auf die Sache bezieht.
Bewegt sich Feedback auf persönlicher Ebene, sind viele Emotionen im Spiel. Es wird nicht sachlich diskutiert. Oft fehlt dann in der konkreten Feedback-Situation der nötige Abstand; das negative Feedback wird dann als «schlecht» empfunden. Als Folge davon begibt sich der Empfänger in eine Schutzhaltung, geht zum Gegenangriff über oder blockt die Rückmeldung ab. So ist Feedback wenig hilfreich, es ist unangenehm und liefert kaum Verwertbares.

Um negatives Feedback zuzulassen und annehmen zu können, ist die professionelle Ebene gefragt. Auch das Geben von negativem Feedback soll von der professionellen Ebene her stattfinden. Für den Dozenten ist es schwieriger, negatives Feedback zu geben, wenn es dabei um die Person geht. Nimmt er hingegen die Sache als Anlass und hält sich das Ziel vor Augen, dass der Input der Verbesserung dienen soll, wird es weniger schwerfallen. Das gilt auch für den Fall, dass eine ungenügende Note gegeben werden muss. Diese ist als Hinweis oder Anleitung zu verstehen und nicht als Zeichen des persönlichen Scheiterns.

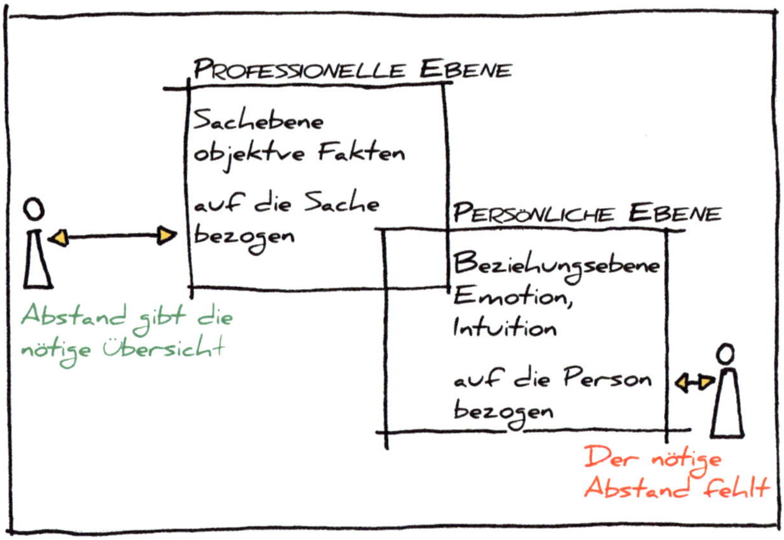


Transparenz

In der Praxis stelle ich immer wieder fest, dass eine transparente Kommunikation gerade bei negativem Feedback hilfreich ist. Das Gegenüber soll wissen, was das Ziel der Rückmeldung ist.
Ein Beispiel: «In unserem Gespräch geht es darum, Ansatzpunkte zu finden, die Ihnen helfen, die Leistung zu verbessern.» Als zusätzlich unterstützend haben sich in meiner Berufspraxis gegenständliche Bezüge erwiesen. «Versuchen wir gemeinsam ein paar Steine aus dem Weg zu räumen.» Solche Formulierungen bieten einen bildlichen Zugang und helfen dem Gegenüber, sich auch auf negatives Feedback einzulassen.

Zur Feedbackkultur[8] gehört, dass alle Beteiligten versuchen, sich auf der professionellen Ebene zu bewegen – sowohl beim Geben (Vermitteln) wie auch beim Nehmen (Annehmen) von Feedback. Der Umgang mit negativem Feedback braucht manchmal etwas Mut oder Überwindung. Gelingt es, Distanz zur persönlichen Ebene zu schaffen und objektiv und zielgerichtet zu kommunizieren, wird der Umgang für beide Seiten erleichtert.

konstruktiver Umgang

Emotionen können und sollen nicht vermieden werden. In der Realität ist es nicht immer möglich oder sinnvoll, die professionelle von der persönlichen Ebene strikte zu trennen. Entscheidend ist das Erkennen von Emotionen beim Feedback geben und der Umgang damit. Als Strategie zur Konfliktbewältigung ist der Versuch, mit Emotionen konstruktiv umzugehen, viel wert. Die Art, wie Feedback gegeben wird, ist nicht zwingend steuerbar. Was der Lehrende jedoch beeinflussen kann, ist die Art und Weise, wie er die Rückmeldung empfängt.[9]

Übung

Hier ist eine kleine Übung zu dieser Problematik. Schauen Sie sich folgende Beispiele von negativen Feedbacks an:
*Beispiel 1: «Das Modul hat mir nichts Neues gebracht.»*
*Beispiel 2: «Das Modul war unbrauchbar.»*
*Beispiel 3: «Sie vergeuden meine Zeit!»*

Überlegen Sie sich dazu:
A: Wie wird das Feedback in den drei Beispielsätzen gesendet (emotional oder sachlich)?
B: Was bedeuten die Feedbacks, wenn sie auf der persönlichen Ebene empfangen werden? Was bedeuten sie, wenn sie auf der professionellen Ebene entgegengenommen werden?

Ihre Antworten könnten folgendermaßen aussehen:

*Beispiel 1: «Das Modul hat mir nichts Neues gebracht.»*
A: Sachlich: Es bezieht sich auf den Faktor Lerneffekt (nichts Neues dazulernen).
B: Auf der persönlichen Ebene: Du bist ein schlechter Dozent. Auf der professionellen Ebene: Da gibt es Verbesserungspotenzial.

*Beispiel 2: «Das Modul war unbrauchbar.»*
A: Sachlich: Auf die Sache «Modul» bezogen, jedoch sehr allgemein gehalten und negativ formuliert («unbrauchbar»).
B: Auf der persönlichen Ebene: Du bist ein schlechter Dozent. Auf der professionellen Ebene: Dieses Feedback ist nicht zielgerichtet. Sachlich nachhaken ist hier nötig. Zum Beispiel: *«Können Sie Ihr Feedback auf einzelne Punkte, wie Lernzuwachs, Schwierigkeitsgrad oder Betreuung, beziehen? In dieser Form könnte ich Ihre Rückmeldung aufnehmen und verwenden.»*

*Beispiel 3: «Sie vergeuden meine Zeit!»*
A: Emotional: persönliche Anschuldigung.
B: Auf der persönlichen Ebene: Du bist ein schlechter Dozent und schadest mir. Auf der professionellen Ebene: Hier findet eine Übertretung statt. Die Rückmeldung kommt sehr persönlich, ungefiltert und unfair daher. Hier ist durchaus der Punkt erreicht, an dem ein *«Stopp»* angebracht ist. Zum Beispiel: *«Dieses Feedback nehme ich so nicht an. Bitte passen Sie Inhalt und Ton angemessen an die Situation an.»*

«Grundsätzlich gilt: Wenn eine Seite einen Konflikt feststellt, dann existiert er auch.»[10] In diesem Sinn ist festzuhalten: Wegschauen, zurückweisen, verneinen bringt wenig, denn offensichtlich besteht eine Störung. Durch die Betrachtung aus der Perspektive der professionellen Ebene wird Distanz geschaffen, was das Annehmen von negativem Feedback leichter macht.

## 2.3 Zusammenfassung

Kernpunkte zu «Wo klemmt es?»:

- Unterschiedliche Einflussfaktoren führen dazu, dass es bei Feedback klemmt. Diese zu erkennen, ist der erste Schritt, um die Problematik zu lösen.
- Die positive Haltung in Bezug auf Feedback und zielgerichtete Feedbackinstrumente sind wichtige Grundsteine.
- Um negatives Feedback annehmen zu können, hilft die professionelle Ebene.
- Der Lehrende muss erkennen können, welche Form Feedback hat, um den konstruktiven Umgang damit zu unterstützen.

1 Siehe dazu Kapitel 3.7
2 Siehe dazu Kapitel 3.5
3 Für Werkzeuge siehe Kapitel 4, für Anpassung von Werkzeugen insbesondere Kapitel 4.4
4 Zu Feedbackkultur siehe auch Kapitel 3.7
5 Um zielgerichtete Instrumente einzusetzen, muss das Ziel bekannt sein. Siehe dazu Kapitel 3.1 sowie 4.1
6 Was nicht mit wert- oder bedeutungslos gleichzusetzen ist. Positives Feedback ist wichtig. Siehe dazu unter anderem Kapitel 3.5 und 3.6
7 Die Überlegungen zur persönlichen und professionellen Ebene gelten für jegliche Art von Feedback, nicht nur für negatives Feedback.
8 Zu Feedbackkultur siehe auch Kapitel 3.7
9 Zum Thema «Feedback empfangen» können die Kommunikationsmodelle von Kapitel 3.2 hilfreich sein.
10 Schumacher, Eva-Maria: Schwierige Situationen in der Lehre. Opladen & Farmington Hills: Verlag Barbara Budrich, 2011, S. 75

# 3 Feedback: Arten und Umgang

Der Nutzen des neu entdeckten Werkzeuges ist nach der theoretischen Einführung klar. Im besten Fall ist es sogar mehr als klar; es vermag zu begeistern. In diesem Falle wird das Werkzeug künftig gerne aus der verstaubten, untersten Schublade geholt und mit Überzeugung zwischen die Lieblingswerkzeuge in die obere Schublade gelegt.

Und jetzt? Wie soll dieses Instrument eingesetzt werden? Wo liegt das Augenmerk bei der Anwendung? Wenn der Transfer von der Überzeugung des Nutzens hin zum effektiven Gebrauch nicht stattfindet, wandert das Werkzeug wieder zurück in die ungenutzte Schublade. Die anfängliche Begeisterung verebbt. Damit der Transfer jedoch stattfinden kann, braucht es ein vertieftes Verständnis zur Funktion und zur Anwendung. In diesem Kapitel werden unterschiedliche Arten und Anwendungen von Feedback aufgeführt, die bei der Auseinandersetzung mit dem Ziel, der Wahl des Zeitpunktes sowie der Methode hilfreich sind. Fragen wie «Wann und wie gebe ich Feedback?», «Wie hole ich Feedback ein?» oder «Wie gehe ich mit den eingeholten Rückmeldungen um?» werden geklärt.

Als Grundlage für Feedback ist die Wahrnehmung ein wichtiger Indikator. Schubiger formuliert treffend: «Jeder Bewertung, sei es eine Fremd- oder Selbstwahrnehmung, liegt ein Wahrnehmungsprozess zu Grunde.»[1] In diesem Kapitel geht es auch darum, Wahrnehmung als wichtigen Faktor zu benennen und miteinzubinden.

Überlegungen, die zur Wahl einer bestimmten Art von Feedbackinstrumenten führen, dürfen nicht als linearer Prozess betrachtet werden. Die folgenden Unterkapitel sind dementsprechend nicht als strikte Reihenfolge für die Auseinandersetzung mit Feedback zu verstehen, sondern als lose Elemente. Viele Überlegungen müssen parallel oder in wechselnder Reihenfolge stattfinden.

## 3.1 Ungerichtet oder zielgerichtet?

Es gibt Feedback, das einfach entsteht. Zum Beispiel ein Lächeln beim Betrachten eines Bildes. Die Rückmeldung «Lächeln» wird nicht auf ein bestimmtes Ziel hin gerichtet. Dieses ungerichtete Feedback erfolgt in der Regel über Gestik und Mimik, einem Impuls folgend. Sobald beim Feedback jedoch Sprache involviert ist, besteht eine gewisse Zielrichtung. «Ich finde das Bild lustig.» teile ich mit, weil mein Ziel das Äußern einer Meinung ist. Eine zielgerichtete Frage ist: «Welche Elemente bei diesem Bild wirken lustig?».

zielgerichtet

Mit zielgerichtetem Feedback ist mehr als das Einholen oder Geben von Information gemeint. Vielmehr geht es dabei um das Erzeugen von Information, die verwertbaren Output liefert. «Die Übung mit dem Bild hat Ihnen offensichtlich Spaß gemacht. Was haben Sie dabei gelernt?» Das Ziel dieser Frage ist die Evaluation des Lernzuwachses.
Um Feedback zielgerichtet zu erfragen, muss sich der Dozent bewusst sein, welche Information er erhalten möchte. Entscheidend ist also, dass das Ziel klar ist.

ungerichtet

In der Fachliteratur ist man sich einig: Gutes Feedback ist zielgerichtet. Auch in diesem Kapitel wird die Bedeutung der Ausrichtung auf ein Ziel mehrfach betont. Doch auch ungerichtetes Feedback hat seine Berechtigung. Das Wahrnehmen desselben kann wichtige, schwer erfragbare Informationen liefern. Was ist aber mit Information, nach der nicht gefragt werden kann?
«Was habe ich Ihnen nicht beigebracht?» funktioniert als Feedbackfrage leider nicht, weil nicht bestehende Information nicht erfragt werden kann. Die Aufgabe des Dozenten liegt deshalb auch darin, bewusst wahrzunehmen. «Wenn Sie sich selbst und die Prozesse des Lernens beobachten wollen, müssen Sie Ihren Blick für das Detail schärfen»[2], betont Birkenbiehl. Im stetigen Wahrnehmungsprozess liefern Mimik und Gestik eine große Anzahl an Informationen. Fragen von Studierenden sind auch Hinweise dazu, was nicht oder ungenügend vermittelt wurde. Das Erhalten von möglichst vielfältiger Rückmeldung auf unterschiedlichen Ebenen

mit unterschiedlichen Zielen ist grundlegend für die Weiterentwicklung des Unterrichts. Das ungerichtete, spontan entstehende Feedback ist Teil davon. Augen und Ohren offen halten ist hier die Devise.

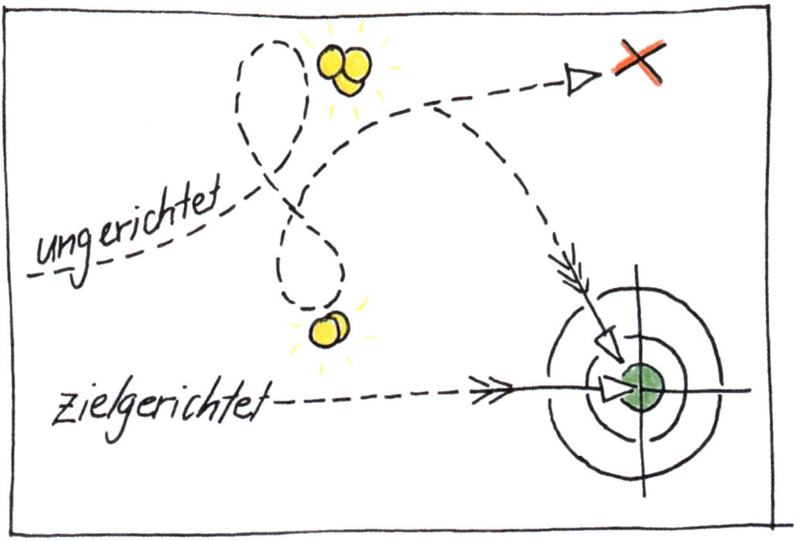


Zielgerichtetes Feedback ist wichtig und im Unterricht meistens gefragt. Aber auch ungerichtetes Feedback hat seine Berechtigung und kann wertvolle Informationen liefern.

## 3.2 Umgang mit Kommunikation

Feedback ist Kommunikation[3]. Die Auseinandersetzung mit Feedback führt also zwangsläufig zur Auseinandersetzung mit Kommunikation. Die eingehende Betrachtung dieses komplexen Themas würde den Rahmen dieses Werks sprengen[4]. Anhand von drei Standardmodellen der Kommunikation werden hier aber die Wahrnehmung und der Umgang mit Feedback skizziert.

**Eisbergmodell**

Dieses Modell gilt als wesentliche Säule der Kommunikationstheorie und geht auf Sigmund Freud zurück. Es zählt zu den bekanntesten und am meisten zitierten Kommunikationsmodellen und wurde mehrfach an unterschiedliche Bereiche angepasst. Das Grundprinzip ist jedoch einheitlich: Das Eisbergmodell verbildlicht, dass nur ein kleiner Teil eines Ganzen sichtbar ist. Die sichtbare Spitze steht für die Sachebene. Der größte Teil des Eisbergs befindet sich jedoch unter der Oberfläche und ist nicht sichtbar. Dieser Teil steht für die unbewusste Ebene, auch Beziehungsebene genannt[5]. Was auf der Sachebene kommuniziert wird, hängt stark davon ab, was auf der unbewussten Ebene geschieht. Anders ausgedrückt: Verbal benannt wird in der Kommunikation nur ein kleiner Teil von dem, was gesamthaft mitgeteilt wird. Dieser Sachverhalt erschwert das Verständnis und kann zu Missverständnissen führen. So kann beispielsweise das Schlafen eines Studenten im Unterricht vom Dozierenden als Ausdruck von Langeweile und/oder mangelndem Respekt gelesen werden; der Schlaf des Studenten kann aber auch ganz andere Ursachen haben; beispielsweise solche, die gar nichts mit dem Dozenten zu tun haben.

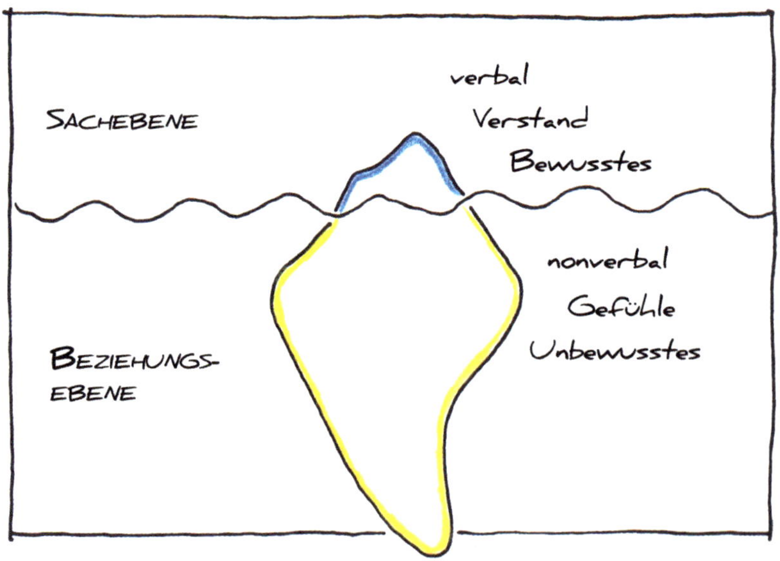


Das Eisbergmodell verbildlicht das Ausmaß der unbekannten Informationen.

In der Praxis hilft mir das Eisberg-Modell, wenn eine Rückmeldung kommt, die ich nicht erwarte oder nicht verstehe. Wenn ich mir vor Augen führe, wie groß jener Teil des Eisbergs, der unter der Oberfläche liegt, ist, so gewinne ich eine Distanz, die mir die Annäherung an die Rückmeldung aus einem anderen Winkel erlaubt. Praxis

**Sender-Empfänger-Modell**

Rückmeldung kann anders aufgenommen werden, als sie von der rückmeldenden Person intendiert ist. Stuart Hall hat diese Problematik mit seinem Sender-Empfänger-Modell sehr anschaulich beschrieben. Gemäß diesem Modell findet die Übertragung von Information von einem Sender zu einem Empfänger statt – zum Beispiel vom Lernenden zum Lehrenden. Auf dem Weg vom Sender zum Empfänger verändert sich jedoch die Botschaft, weil sie von Störfaktoren beeinflusst wird. Ein Beispiel: Der Student schließt die Augen, weil er sich etwas genau überlegen will. Der Dozent schaut genau in diesem Moment zum besagten Studenten und interpretiert sein Verhalten falsch. Er denkt sich vielleicht: «Da langweilt sich einer.»

Das negative Feedback geht bei diesem Beispiel nicht vom Sender aus, sondern entsteht erst beim Empfänger. Betrachtet wird dabei nicht nur, wie Feedback gegeben, sondern auch, wie es aufgenommen wird. Um die dabei involvierten Störungen oder Missverständnisse zu überwinden, ist es zentral, dass Sender und Empfänger den gleichen «Code» benutzen oder, anders ausgedrückt, das gleiche Verständnis von einer Sache haben. Feedbackkultur[6] bietet Anhaltspunkte, um einen gemeinsamen Code zu generieren und wertvolle Richtlinien für die Kommunikation zu etablieren.

In der Praxis versuche ich zwischendurch von außen, von der sogenannten Metaebene her, ein Feedback zu betrachten. So überprüfe ich beispielsweise, ob meine Botschaft beim Gegenüber wie von mir beabsichtigt angekommen ist. Ein Beispiel: Ich biete im Gespräch an, eine Arbeit gemeinsam zu reflektieren. Dabei kommt es vor, dass mein Gegenüber deren Endresultat ausführlich beschreiben will. Mir geht es jedoch um einen Austausch bezüglich des Arbeitsprozesses, was nicht dasselbe ist wie eine Betrachtung des Endresultats. Betrachte ich diese Szene von Praxis der Metaebene her, wird schnell klar, dass ich mich mit dem Begriff «die Arbeit» auf den Prozess beziehe, während das Gegenüber darunter vor allem das Endresultat versteht.

In Situationen, in denen ich Feedback erhalte, versuche ich es genauso zu handhaben und die Betrachtung von der Metaebene her zu nutzen; das hilft, Missverständnisse aufzudecken.

Sehe ich ein potenzielles Missverständnis oder bin ich unsicher bezüglich eines Feedbacks, so hilft mir das neutrale Nachfragen. Dabei wird möglichst ohne Wertung nachgefragt, wie das Feedback verstanden werden soll.

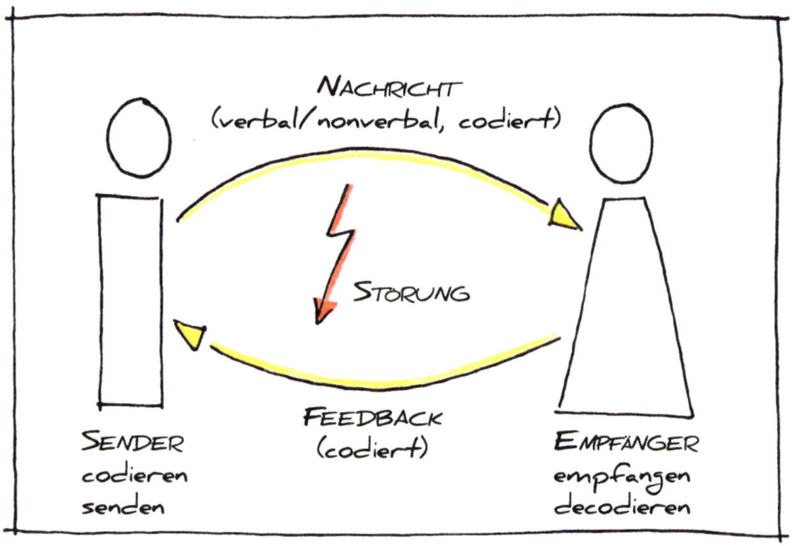


Kommunikation birgt ein großes Potenzial für Missverständnisse. Das Bewusstsein dafür kann helfen, Missverständnisse zu vermeiden oder zumindest zu erkennen.

**Vier-Ohren-Modell**[7]
Bei diesem Modell aus der Kommunikationspsychologie stehen die Ohren für unterschiedliche Arten, wie Nachrichten empfangen werden. Um aufzuzeigen, wie Missverständnisse entstehen, wird die Nachricht unter vier Aspekten (Sachinhalt, Selbstkundgebung, Beziehung, Appell) betrachtet, und zwar sowohl auf den Sender als auch auf den Empfänger bezogen. Auch dieses Modell beschreibt die Problematik, die sich beim Unterfangen ergibt, eine Botschaft «heil» vom Sender zum Empfänger zu bringen. Das Vier-Ohren-Modell stellt sie jedoch in feineren Facetten dar als das Sender-Empfänger Modell.

Praxis

*Beispiel: «Das Modul hat mir nichts Neues gebracht.»*
Der Student meint:
Sachinhalt: Das Modul enthielt keine neuen Informationen.
Selbstkundgebung: Ich hätte mehr erwartet.
Beziehung: Du bist ein schlechter Dozent.
Appell: Ich erwarte mehr von dir!

Der Dozent versteht:
Sachinhalt: Das Modul enthielt keine neuen Informationen.
Selbstkundgebung: Der Unterricht ist schlecht.
Beziehung: Ich bin ein schlechter Dozent.
Appell: Ich muss mehr liefern!

Beim Vier-Ohren-Modell stehen Nachrichten und die darin enthaltenen Botschaften im Zentrum. Diese können kongruent sein, wenn Sender und Empfänger sich auf der gleichen Ebene unterhalten, oder inkongruent, wenn sie nicht auf der gleichen Ebene kommunizieren. Bei Inkongruenz entstehen Missverständnisse.

Kongruenz:
Sender Sachebene: Das Modul enthielt keine neuen Informationen.
Empfänger Sachebene: Das Modul enthielt keine neuen Informationen.

Inkongruenz:

Sender Sachebene: Das Modul enthielt keine neuen Informationen.

Empfänger Beziehungsebene: Ich bin ein schlechter Dozent.

Ein Missverständnis entsteht. Der Student will als Feedback nur mitteilen, dass es für ihn keine neuen Inhalte enthielt. Der Dozent fasst die Äußerung aber als Feedback zu seiner (angeblich) schlechten Leistung auf.

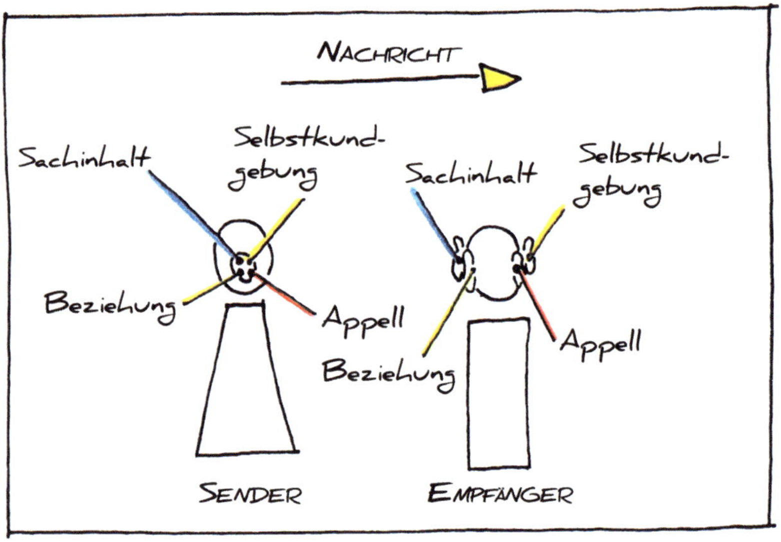


Hat man diese Modelle beim Kommunizieren von Feedback im Hinterkopf, können Störungen (d. h. Missverständnissen) entweder verhindert oder doch wenigstens erkannt werden.

## 3.3 Kommunikationsmittel

Zur Verständigung untereinander sind unterschiedliche Mittel wie Sprache, Text, Bild, Gestik usw. nötig. In Bezug auf Feedbacks habe ich diese in zwei Hauptgruppen zusammengefasst: in die schriftlichen und die mündlichen Situationen. Überlegungen dazu, welches Mittel für das geplante Feedback passend ist, hängen mit den Eigenschaften des Mittels zusammen.

Vor- und Nachteile

Als Vorteil von mündlichen Rückmeldungen gilt die Möglichkeit der direkten Reaktion. Bei unklarem Feedback oder Wunsch nach mehr Information kann sofort nachgehakt werden. Mündliches Feedback ist mit weniger Vor- und Nachbereitung verbunden. Gesamthaft ist ein geringerer Zeitaufwand zu erwarten. Nachteil von mündlichem Feedback ist die Gefahr der Beliebigkeit und des Abschweifens: In der Gruppe kann es zudem dazu führen, dass sich alle Anwesenden auf eine spezifische Aussage stürzen, diese dann ein übermäßiges Gewicht erhält und das Feedback sowohl im Negativen wie auch im Positiven verzerren kann. Ein weiterer Nachteil von mündlichem Feedback ist, dass die gesammelten Daten nicht quantitativ und vergleichbar sind.
Der Vorteil von schriftlichem Feedback liegt darin, dass Fragen exakt und zielgerichtet formuliert werden können und die Gefahr des Abschweifens weniger stark ist. Ein weiterer Vorteil besteht darin, dass schriftliches Feedback auch anonym gegeben werden kann, was mitunter dazu führt, dass Informationen zutage gefördert werden, die bei einem nicht-anonymen Feedback nie kommuniziert worden wären. Ein Nachteil von schriftlichem Feedback ist allerdings der Aufwand für die Vor- und Nachbereitung, der deutlich größer ist als beim mündlichen Feedback.

**Beispiele für mündliche Situationen:**
- Besprechung einer Aufgabe, einer Präsentation, eines Unterrichtssegments
- Zwischengespräch, Gespräch zum Lernprozess, Standortbestimmung
- Meinungsabfrage

**Beispiele für schriftliche Situationen:**
- Lösen von Kontrollaufgaben, vorbereitender Kurztest
- Beurteilung von Lernprozessen
- Sammlung von Rückmeldungen zu bestimmten Fragen
- Abschlussprüfungen, Schlusszeugnisse, Benotung, Qualifikation, Zertifikat

Einflussfaktoren

Wann welches Kommunikationsmittel Sinn macht, hängt von der Situation, vom gesetzten Ziel und von weiteren Rahmenbedingungen ab. In der Praxis beeinflussen gesetzte Rahmenbedingungen, wie zum Beispiel die zur Verfügung stehende Zeit, die Wahl des Kommunikationsmittels. Ideal ist es, wenn das Mittel durch das gesetzte Ziel des Feedbacks und nicht durch den Faktor Zeit bestimmt wird. Genauso darf die Entscheidung, ob Rückmeldungen schriftlich oder mündlich eingeholt oder gegeben werden, nicht nur am Aufwand gemessen werden, sondern muss wiederum zum formulierten Ziel passen. Beispiel: Ist das Ziel eine Steigerung der Unterrichtsqualität, ist es nützlich, über die ganze Gruppe verteilt festzustellen, wo sich im Unterricht die Probleme manifestieren. Hier ist eine schriftliche Rückmeldung, die einen quantitativen Vergleich erlaubt, am sinnvollsten. Steht hingegen die Inspiration, die die Lehrperson durch Feedbacks erhält, im Vordergrund, ist die mündliche Rückmeldung das Mittel der Wahl.

## 3.4 Betrachten verschiedener Blickwinkel und Perspektiven

Das bewusste Betrachten von Blickwinkeln und Perspektiven bietet unterschiedliche Standpunkte, die dem zielgerichteten Einholen von Feedback dienen. Es gibt zwei grundlegende Blickwinkel: Vom Lehrenden zum Lernenden und umgekehrt. Die Perspektive kommt zusätzlich zum Blickwinkel hinzu und beschäftigt sich mit bestimmten Themen wie sozialem Umgang, Gruppe oder Unterrichtsqualität.

Blickwinkel

Der Blickwinkel legt fest, wer der Sender und wer der Empfänger ist. Der Sender hat die Aufgabe, ein Ziel für sein Feedback zu definieren. Das Ziel ist in der Regel mit einer Strategie verknüpft oder aus dieser hergeleitet. Beispiel: Der Dozent plant, einem Studenten ein Feedback an zu geben (Blickwinkel). Sein Ziel ist es, einen Lernzuwachs aktiv zu unterstützen. Seine daraus abgeleitete Strategie ist es, während des Lernprozesses dem Studenten Hilfestellung zu bieten. Aufgrund dieser Überlegungen gibt der Lehrende folgendes Feedback: «Ich sehe, Sie kommen mit der Aufgabe nicht so recht voran. Versuchen Sie doch einmal folgenden Ansatz …». Alternativ könnte er auch entscheiden, sein Feedback im Plenum vor der ganzen Klasse zu geben, sodass die ganze Klasse davon profitieren kann: «Ich habe bei einigen festgestellt, dass sie mit der Aufgabe nicht so recht vorankommen, darum plane ich folgenden zusätzlichen Input …»

Weitere Blickwinkel mit möglichen Zielen und Strategien sind sichtwortartig in Tabelle 1 auf der nachfolgenden Seite aufgeführt.

| **Blickwinkel** | **Ziel** | **Strategie** |
|---|---|---|
| Vom Sender zum Empfänger 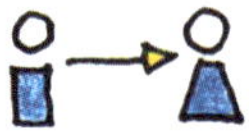 | Darum geht es  | So könnte es gehen  |
| Lehrender – ↓ Lernender | Lernzuwachs unterstützen | · Aktive Hilfestellung im Unterricht: Probleme und Fehler frühzeitig erkennen und ansprechen |
| | Bewertung | · Standortinformation zur Eigenreflexion geben<br>· Externen Standpunkt vermitteln<br>· Zur Qualitätssteigerung anregen |
| | Informationen einholen | · Information zur Unterrichtsqualität abholen<br>· Informationen zur eigenen Wirkung ertasten<br>· Wünsche, Ideen, Inspiration einsammeln |
| | Motivation | · Motivierte Schüler lernen besser<br>· Motivation als Grundlage für Spaß und erfolgreichen Unterricht |
| Lernender – ↓ Lehrender | Mitteilung, sich mitteilen | · Information zum Unterricht, zum Lernprozess, zu … geben<br>· Zum Unterricht und dessen Verbesserung beitragen |
| | Bewertung | · Unterricht bewerten, um Verbesserung zu erzielen |
| | Informationen einholen | · Informationen einholen, um Fehler zu vermeiden<br>· Orientierung im Unterricht erhalten |

Tabelle 1: Der Blickwinkel entscheidet, wer der Sender ist. Dieser setzt sich Ziele und entwickelt Strategien für die Umsetzung.

Kongruenz

Entscheidend beim Umgang mit Feedback ist nicht nur die Klärung des Ziels, sondern auch die dazu passende Art der Kommunikation und die Haltung des Dozenten.
Das Ziel «Hilfestellung» zum Beispiel bedeutet: «Ich möchte ein Angebot machen, einen Vorschlag oder einen Input geben, der im Lernprozess weiterhilft.» Dem Gegenüber muss klar sein, dass es um ein Angebot und nicht um eine Wertung geht. Ganz anders verhält es sich, wenn das Ziel die Bewertung ist: Das Feedback darf hier nicht die Form eines Vorschlages annehmen, sondern muss als klare Aussage bestehen.

Perspektive

Zusätzlich zum eingenommenen Blickwinkel kann eine Perspektive als Grundlage für das Formulieren von Feedback dienen. Die Beschränkung auf ein bestimmtes Themengebiet hilft wiederum, das Ziel und die Strategie zu erfassen.
Beispiel: Das Betrachten des sozialen Miteinanders (Perspektive) führt zum Wunsch nach Umgangsregeln (Ziel). Das gemeinsame Erarbeiten derselben ist die Strategie, um akzeptierte und sinnvolle Regeln zu definieren. Aufgrund dieser Überlegungen wird eine Diskussionsrunde einberufen. Der Einstieg erfolgt über eine Meinungssammlung zur Frage: «Welchen Umgang wünschen wir uns?» und wird mit der Frage: «Wie erreichen wir das?» ergänzt. Bei der Diskussion merkt die Dozentin, dass die Gruppendynamik (Perspektive) das vorrangige Problem darstellt. Sie möchte zusätzlich das Augenmerk auf eine bessere Grundstimmung lenken (Ziel). Das durch Wahrnehmung entstandene Feedback setzt sie daher in eine Intervention um: «Ich merke, dass wir, bevor wir uns um die Umgangsregeln kümmern, zuerst herausfinden müssen, warum eigentlich die Stimmung so schlecht ist.»

Weitere Perspektiven mit möglichen Zielen und Strategien sind sichtwortartig in Tabelle 2 auf den nachfolgenden Seiten aufgeführt.

| **Perspektive** | **Ziel** | **Strategie** |
|---|---|---|
| Vom Themenfeld her gesehen  | Darum geht es  | So könnte es gehen  |
| Sozialer Umgang | Wertschätzung | · Die Lernenden motivieren<br>· Loyalität und Einsatz fördern<br>· Gute Stimmung verbreiten |
| | Umgangsregeln | · Das Miteinander definieren<br>· Orientierung geben |
| Rahmenbedingungen | Vorgaben beachten und miteinbeziehen | · Sich über Rahmenbedingungen informieren<br>· Auf Gegebenheiten wie z. B. die Gruppengröße eingehen<br>· Zur Verfügung stehenden Platz nutzen |
| | Funktionalität abklären | · Überprüfen, ob das Setting es ermöglicht, die gesteckten Ziele zu erreichen |
| Gruppe | Dynamik erfassen und miteinbeziehen | · Den Einzelnen sowie die Gruppe wahrnehmen<br>· Auswirkungen der Gruppendynamik abschätzen |
| | Dynamik verändern | · Durch gezielte Intervention aus einer müden Gruppe eine lebendige machen |
| | Gute Stimmung | · Auf gute Stimmung achten, um einen besseren Lerneffekt zu erhalten |
| Ist-Zustand | Orientierung/ Information | · Mit Informationen zum Stand der Dinge oder einem Ausblick auf Kommendes Transparenz schaffen |
| Unterrichtsqualität | Qualitätsüberprüfung und Qualitätssteigerung | · Guten Unterricht durch eine Überprüfung desselben gewährleisten<br>· Qualitätssteigerung durch Anpassung sicherstellen<br>· Information zu bestehenden Potenzialen abholen |

| Perspektive | Ziel | Strategie |
|---|---|---|
| Außen-ansicht | Von einer außenstehenden Perspektive profitieren | · Durch Perspektivenwechsel zu neuen Ideen kommen<br>· Erfassen von «blinden» Flecken |
| | Blinde Flecken erkennen | · Durch die Perspektive von außen (Coach, Schulbesuch, Eltern) zu neuen Einsichten kommen |

Tabelle 2 ist aus dem Blickwinkel des Lehrenden beschrieben. Dasselbe Prinzip funktioniert genauso aus der Sicht des Lernenden: Fühlt er sich in der Gruppe nicht wohl, spielt die Gruppendynamik mit. Die Rückmeldung dazu kann eine Veränderung derselben nach sich ziehen.

## 3.5 Der richtige Zeitpunkt

summativ, formativ

Feedback beziehungsweise die daraus resultierende Evaluation wird in der Fachliteratur oft in die zwei Gruppen «formativ» und «summativ» aufgeteilt.[8] Die summative Evaluation findet in der Regel am Ende einer Lerneinheit statt und dient zur Überprüfung der Unterrichtsqualität, oder sie wird genutzt, um vorhandene Fertigkeiten und Fähigkeiten zu bestimmen. Die Summe der Rückmeldungen führt hier zu Indikatoren für die Weiterentwicklung des Unterrichts. Eine andere Form von summativem Feedback sind Abschlussprüfungen, die zu einer Note oder einem Zertifikat führen.
Die formative Evaluation findet prozessbegleitend während des Semesters statt. Hallet[9] beschreibt dies als Rückmeldungs- und Verstärkungsfunktion. Sie ermöglicht das Formen (Anpassen) von Lehr- oder Lernprozess.

proaktiv

Zeitlich gesehen definieren sich diese beiden Typen von Feedback dadurch, dass das eine *während* (formativ) und das andere *abschließend* (summativ) gegeben wird. Um das Spektrum wertvoller Informationen zu erweitern, werden die beiden Feedbacktypen von der Autorin um einen dritten Typ erweitert, nämlich jenen, der bereits *vor* einem bestimmten Ereignis (z. B.

einer Unterrichtssequenz, einem Workshop, etc.) stattfindet. Dieser letztgenannte Feedbacktyp liefert Informationen zu den Rahmenbedingungen, zum Wissensstand oder zur Befindlichkeit der Teilnehmenden. Er hat eine vorbeugende Funktion und ist in diesem Sinne «proaktiv». Das Einholen von proaktiven Rückmeldungen macht Sinn, weil es unnötige Stolpersteine aus dem Weg räumt. Es ist diese Form von Feedback, die dafür sorgt, dass auch der vegetarische Workshopteilnehmer das passende Essen kriegt, die Klasse die neue Dozentin nicht darüber aufklären muss, dass das vorbereitete Thema bereits behandelt wurde etc. Proaktives Feedback einholen ist damit gewissermaßen Teil der didaktischen Prävention[10], welche die Antizipation und Beseitigung möglicher Störungen zum Ziel hat.

vor

Proaktives Feedback = *vor* einem Ereignis (vorgängige Abklärung, vorgängiges Einholen von Informationen)
Beispiele:

- Brief, E-Mail
- Anfrage, Rückfrage
- Wissensstandabfrage

während

Formatives Feedback = *während* eines Ereignisses (Lernfortschritt, der Lehrende als Coach oder Berater)
Beispiele:

- Besprechungen (Prozess, Aufgabe ...)
- Gespräche, Diskussionsrunden
- Kontrolle durch Lösen von Aufgaben
- Prozessbegleitende Mittel wie Lerntagebuch
- Selbsteinschätzung

abschließend

Summatives Feedback = *abschließend* zu einem Ereignis (Beurteilung/Bewertung zum Leistungsstand und zur Qualität des Unterrichts)
Beispiele:

- Prüfung
- Abschlussarbeit, Kolloquium
- Beurteilungsgespräch, Standortbestimmung
- Feedbackabfrage zum Unterricht

Den einen richtigen Zeitpunkt für Feedback gibt es nicht. Ein passender Zeitpunkt kann jeweils vom angestrebten Ziel abgeleitet werden.

Oft wird Feedback nur am Ende einer Einheit eingeholt, um summativ die Qualität der Lerneinheit zu überprüfen. Waldherr und Walter[11] sind jedoch der Meinung, dass Evaluation spätestens in der Mitte des Semesters stattfinden muss, damit die Lehrveranstaltung noch modifiziert werden kann.
Im Folgenden wird ausgeführt, dass Feedback nicht zu einem fixen Zeitpunkt stattfinden soll. Vielmehr geht es darum, Feedback zu ganz unterschiedlichen Zeitpunkten einzusetzen und damit ganz unterschiedliche Nutzen zu erzielen. Um dies darzulegen, sind im Folgenden zwei Tabellen mit Praxisbeispielen der Autorin aufgeführt. Die erste Tabelle setzt sich mit dem Einholen von Feedback auseinander, bei der zweiten geht es um das Geben von Feedback. Das formulierte Feedbackziel wird in Zusammenhang mit dem Einfluss der unterschiedlichen Zeitkomponenten (proaktiv, formativ, summativ) gestellt. So wird ersichtlich, dass Nutzen sowie Auswirkungen variieren. Das zu Beginn der Tabelle formulierte Ziel wird anhand von Beispielen weiter dargelegt. Diese beziehen sich alle auf einen mehrtägigen Workshop mit dem Thema «Umgang mit Farbe».

Feedback einholen

| **Ziel: Informationen zur Qualität des Workshops einholen, um Qualitätssteigerung zu ermöglichen.** | | | |
|---|---|---|---|
| **Zeitpunkt** | vor (proaktiv) | während (formativ) | nach (summativ) |
| **Nutzen** | Durch das zuvor erfolgte Einholen von Information werden Inhalte angepasst, Probleme vermieden und erhaltene Informationen integriert. | Durch Nachfragen kann Input berichtigt oder angepasst werden. Probleme werden frühzeitig erkannt. | Durch das Einholen von zusammenfassender Information entsteht ein Bild zur Qualität, zu Tops und Flops der Veranstaltung. |
| **Auswirkung** | Feedback fließt in die Planung für das Modul mit ein. Ein direkter Nutzen entsteht. Effizienz und Qualität wird gesteigert. | Feedback kann Einfluss auf das Modul haben oder in weiteren Planungen berücksichtigt werden. Für den Workshop entsteht direkter Nutzen. | Diese Information kann bei der Neuplanung eingebaut werden, auf den aktuellen Workshop hat sie keine direkte Auswirkung. |
| **Praxisbeispiele** | Die Teilnehmenden werden im Vorfeld per Mail befragt.<br>– «Nennen Sie Ihre Lieblingsfarbe und die Farbe, die Sie am wenigsten begeistert.» (Erster Bezug zum Thema wird aufgebaut, es entsteht eine interessante Einstiegssequenz.)<br>– «Haben Sie Erfahrung mit dem Mischen von Farben?» (Mit der Information kann das Niveau abgeschätzt werden.) | «Wir haben nun die Hälfte des Workshops hinter uns. Ich möchte eine kurze, mündliche Umfrage machen, um zu sehen, wo Sie gerade stehen und wohin Sie noch gehen wollen.»<br>Fragerunde 1: «Was habe ich bis jetzt erfahren, gelernt, angewendet?»<br>Fragerunde 2: «Was möchte ich gerne noch erfahren, vertiefen?» | «Das im Vorfeld kommunizierte Ziel des Workshops lautete «Den Umgang mit Farbe üben.» Wo haben Sie dieses Ziel erreicht, wo fehlt noch etwas?»<br><br>Am Ende des Workshops gibt es einen kleinen Test zum Thema «Farben». Das Resultat wird besprochen und deckt Schwächen auf. |

Tabelle 3: Das Feedbackziel «Information einholen» im Zusammenhang mit den unterschiedlichen Zeitkomponenten betrachtet.

Feedback geben

| | **Ziel: Durch Rückmeldung Lernerfolg sowie Lernlücken aufzeigen und damit Lernerfolg sicherstellen.** | | |
|---|---|---|---|
| **Zeitpunkt** | vor (proaktiv) | während (formativ) | nach (summativ) |
| **Nutzen** | An Unbekannte Feedback geben geht nicht, da über sie noch keine Information vorhanden ist. Aus Erfahrung Feedback an eine Gruppe zu geben ist jedoch möglich. Die Information dient der Vorbereitung. | Durch das Geben von Feedback kann eine Arbeitsweise berichtigt oder angepasst werden. Probleme werden frühzeitig angegangen. | Durch das Geben von zusammenfassendem Feedback in Form eines Gesprächs, einer Qualifikation oder Benotung entsteht ein Bild zum Lernerfolg. |
| **Auswirkung** | Feedback fließt in die Vorbereitung der Teilnehmenden ein und begünstigt optimales Lernen. | Feedback hat direkten Einfluss auf den Lernerfolg. | Der Student kann daraus ableiten, wo noch Lücken bestehen. |
| **Beispiele** | – Die Teilnehmenden erhalten im Vorfeld per Mail Informationen: In bisherigen Workshops wurde festgestellt, dass es sich lohnt, ein eigenes Thema zur Vertiefung mitzubringen (punktuelle Vertiefung, Überlegungen, Mitbringen von Material ist somit möglich).<br>– Information bei Anmeldung: Der Aufwand ist bei diesem Workshop groß, darum ist die Teilnehmerzahl auf 12 Personen beschränkt. | – Die Dozierende stellt fest, dass bei einigen das Farbeabmischen nicht ganz gelingt. Sie kommt zum Schluss, dass ein kurzer Input zum Thema «Farbenlehre» helfen könnte.<br>– Im Pausengespräch erfährt die Dozentin, dass einige Teilnehmer mehr theoretisches Wissen zur Bedeutung von Farbe möchten. Die Dozentin schlägt vor, eine Recherche einzufügen und Informationen zum Thema «Farbe» zu sammeln. Anschließend tauschen sich alle Beteiligten aus. | – Im Einzelgespräch: «Der kleine Abschlusstest hat gezeigt, dass Sie theoretisch alles wissen, dass es aber teilweise in der praktischen Umsetzung noch hapert. Versuchen Sie, die praktischen Aufgaben nochmals für sich in Ruhe zu lösen.»<br>– In der Gruppe: «Die Zusammenarbeit in der Gruppe funktioniert optimal. Behalten Sie diese Haltung unbedingt bei.» |

Tabelle 4: Das Feedbackziel «Lernerfolg sicherstellen» im Zusammenhang mit den unterschiedlichen Zeitkomponenten betrachtet

Die angeführten Praxisbeispiele verdeutlichen, dass Feedback nicht den Abschluss oder das Ende bedeutet, sondern einen fortlaufenden Prozess bilden sollte, der den Unterricht und die Lernleistung begleitet und aktiv beeinflusst. Wann genau Feedback eingeholt oder gegeben wird, hängt vom gesetzten Ziel oder den gewünschten Auswirkungen ab.

## 3.6 Wie Feedback einholen? Wie Feedback geben?

Grundlegend für den Umgang mit Feedback sind Haltung, Wahrnehmung und die Auseinandersetzung mit Kommunikation[12]. Voraussetzung sind eine positive Haltung und die Annahme, dass die gegebene Rückmeldung dazu beiträgt, sich weiterzuentwickeln. Die Wahrnehmung der eigenen Wirkung und die Auseinandersetzung mit derselben sind für den Feedbackprozess überdies entscheidend. Hatties Maxime «Kenne deinen Einfluss'»[13] fasst diese vielschichtige Auseinandersetzung treffend zusammen.

Anhalts-punkte

Die untenstehenden Anhaltspunkte sind als Hinweise für den Umgang mit Feedback und nicht als vollständige Liste zu verstehen. Sie beziehen sich sowohl auf das Geben als auch auf das Einholen von Feedback.

**Das Ziel ist klar**
Gründe für das Einholen oder Geben von Feedback oder der Nutzen desselben sind klar. Das heißt, dass sie für alle Beteiligten transparent kommuniziert werden.

**Das Setting muss stimmen**
Es braucht genügend Zeit für Rückmeldungen. Der Ort sowie die Stimmung sollen als angenehm empfunden werden. Nur das passende Setting lässt Feedback wirklich zu.

**Auf professioneller Ebene kommunizieren**
Feedback soll von den Beteiligten wenn möglich auf der professionellen und nicht auf der persönlichen Ebene abgeholt oder gegeben werden.[14]

**Auf Augenhöhe kommunizieren**

Im Umgang mit jungen Erwachsenen ist es wünschenswert, dass das Verständnis der Lehre von der Idee der Gleichberechtigung geleitet ist. Dieses Verständnis bedeutet, dass Feedback auf Augenhöhe passieren soll.

**Feedback soll konstruktiv sein**

Vorwürfe und Schuldzuweisungen bringen in der Regel wenig. Konstruktive Rückmeldungen zu geben bedeutet nicht, dass «keine negativen Punkte zugelassen» sind, sondern, dass der Blick auf eine Lösung hin gerichtet ist.

**Angemessen formulieren**

Allgemeines Feedback eignet sich nicht zur Steuerung von Lernprozessen[15]. Soll Feedback eine Hilfestellung sein, ist es nützlich, Vorschläge zu machen; geht es um eine Bewertung, sind hingegen eindeutige Statements zielführend. Der Unterschied muss klar sein. Die Haltung des Dozenten auch.

**Sandwichmodell als Umgangsform**

Positives Feedback ist wichtig, denn es verdeutlicht Wertschätzung und eine wohlwollende Haltung. In diesem Umfeld ist schwieriges Feedback für beide Seiten einfacher zu handhaben. Das sogenannte Sandwichmodell nutzt diesen Effekt. Negatives Feedback ist hier stets von positiven Rückmeldungen flankiert. Das Bewusstsein um die Wirkung ist dabei zentral. Wird positives Feedback nur als Einstiegsfloskel wahrgenommen, hat es wenig Bedeutung, es nimmt den folgenden Aussagen die Prägnanz.

**Wahrnehmungen und Reaktionen mit einbeziehen**

Wer eine Rückmeldung gibt, soll das Gegenüber beobachten und abschätzen, ob das Feedback ankommt oder nicht. Kommt dieses beim Adressaten nicht an, nützt es nichts. Dann soll der Absender unbedingt nachfragen und bei Unklarheiten sein Feedback noch einmal auf eine andere Weise formulieren.

**Mögliche Fehler, Tendenzen und Täuschungen beachten**
Rückmeldungen erfordern eine vorab gebildete Meinung. Unvermeidlich ist dabei, dass Fehler in der Beurteilung passieren. Andreas Schubiger hat zu möglichen Einflüssen, die zu Fehlern in der Bewertung führen, eine umfassende Liste zusammengestellt.[16] Besonders zu beachten sind dabei die folgenden:

- Vorwissensfehler: Bereits bestehende Information beeinflusst die Wahrnehmung.
- Schwankungseffekte: Bei mündlichen Prüfungen ist oft ein periodisches Absinken und Steigen der Benotung zu beobachten. Auch bei schriftlichen Arbeiten ist diese Art von Schwankung zu beobachten.
- Milde-Effekt: Dies ist die Tendenz, zu milde zu beurteilen. Es fällt schwer, schlechte Noten zu geben, weil die Beurteilung dem Lernenden z. B. schaden könnte. (Die Umkehrung des Milde-Effekts ist der ebenfalls beobachtbare Strenge-Effekt).
- Halo-Effekt: Vorangegangene Ereignisse strahlen positiv oder negativ auf das zu bewertende Ereignis aus. So kann eine frühere brillante Leistung zu besserer Bewertung einer späteren Arbeit führen, auch wenn diese vielleicht nicht besonders gut ist).
- Zentrale Tendenz: Hier handelt es sich um die Tendenz zur Mitte hin, die dadurch zustande kommt, dass Menschen extreme Aussagen gerne umgehen.
- Sympathie-/Antipathie-Fehler: Das Urteil wird durch die subjektive Sympathie respektive Antipathie des Lehrenden gegenüber dem Lernenden beeinflusst.

Wie bereits gesagt: Fehler sind unumgänglich. Wenn das Bewusstsein über die aufgelisteten «Gefahren» im Feedbackprozess jedoch präsent ist, können Fehler vermieden, erkannt und behoben werden.

Handlungsformen

Die Art, wie eine Lehrperson Feedback gibt, wirkt sich direkt auf das Lerngeschehen aus. Deswegen ist es wichtig, beim Geben von Feedback genauer hinzuschauen und zu beachten, dass sich Unterschiede in der Form der Handlung ergeben. Wolfgang Beywl unterteilt das Feedback an Studierende in drei Handlungsformen[17]:

1. Signalisieren («Das ist so richtig/falsch» = Lösung)
2. Anleiten («Um folgende Aufgabe zu lösen, nutzen Sie …» = Muster, Lösungsprozess)
3. Beraten («Wie kann ich Sie unterstützen?» = Coaching)

Diese drei Handlungsformen unterscheiden sich in ihrer Intensität, Langzeitwirkung und darin, für wen sie je nach Situation adäquat sind. Je nach gewählter Handlungsform ergeben sich Unterschiede im Nutzen. Einem Novizen kann vorgezeigt werden, wie etwas geht, aber ihn zu beraten, ist erst möglich, wenn er ein gewisses Niveau erreicht hat, also nicht mehr Novize, sondern Fortgeschrittener ist. Die Auseinandersetzung mit gewählten Handlungsformen wirft jeweils interessante Fragen auf. Zum Beispiel: Soll man einen Studierenden anleiten, um ihn zu motivieren und zu fördern oder, weil man ihm das eigenständige Arbeiten noch nicht zutraut? Welche Handlungsform beim Geben von Feedback passend ist, lässt sich aus dem gesetzten Ziel sowie dem Wissenstand des Lehrenden ableiten.

**Fragen**

Um Feedback einzuholen, braucht es Fragen. Die richtige Frage bildet die Grundlage, um passende Antworten zu erhalten. Wie aber findet man die richtigen Fragen? Eine erfolgsversprechende Möglichkeit ergibt sich, wenn zuerst der Unterricht reflektiert wird, und aus den dabei gewonnenen Erkenntnissen dann das Feedback abgeleitet wird. Das dazu nötige Reflektieren hat Hattie in drei grundsätzlichen Fragen gruppiert:

Wohin gehe ich? (Lernintentionen/Ziele/Erfolgskriterien)
Wie komme ich voran? (Selbstbewertung und Selbsteinschätzung)
Wohin geht es als Nächstes? (Fortschreiten, neue Ziele)

Er stellt fest, dass ein ideales Lernumfeld beziehungsweise eine ideale Lernerfahrung dann gegeben ist, wenn sowohl Lehrpersonen als auch Lernende Antworten auf diese Fragen suchen.[18]

Wohin? Wie? Danach?

Alle Beteiligten müssen Antworten auf diese Fragen suchen. Sie bilden die Grundlage für substanzielles Feedback.

positiver Prozess

Input (Feedback) erzeugt Output oder, wie es Schumacher treffend formuliert: «Indem Feedbackprozesse initiiert werden, verändert sich die Selbst- und Fremdwahrnehmung der Beteiligten.»[19] Wird Feedback mit einer positiven Grundhaltung und unter oben angeführten Grundlagen eingeholt, ist qualitativ hochstehendes Feedback und ein positiver Prozess zu erwarten.

## 3.7 Feedbackkultur

Der Umgang mit Feedback betrifft mehrere Akteure. Es gibt Studierende, ein Team von Dozenten und Mitarbeitenden sowie eine Institutionsleitung. Um mit Feedback sinnvoll umgehen zu können, brauchen all diese Akteure etwas, dass sie in der Thematik verbindet. Sie brauchen eine Feedbackkultur.
«Das Sein bestimmt das Bewusstsein – und das Bewusstsein bestimmt das Sein».[20] Verschiedene wissenschaftliche Experimente beschäftigen sich mit dieser paradoxen Feedbackschleife. Jürgen Peetz beschreibt einige davon. In Bezug auf die Thematik «Feedbackkultur» betrachtet, unterstreicht dieses Zitat die Bedeutung von Bewusstsein. Wollen wir ein anderes Bewusstsein, müssen wir das Sein verändern – und umgekehrt.

Das bedeutet: Soll eine funktionierende Feedbackkultur vorhanden sein, muss diese bewusst gelebt werden. Für mich als Dozentin bedeutet das: Fordere ich differenziertes Feedback, muss der Boden mit differenzierten Aussagen meinerseits vorbereitet sein.

Mit folgenden fünf Aussagen möchte ich eine Grundlage für Feedbackkultur vorschlagen und die einzelnen Begriffe darlegen. Feedbackkultur ...
... ist Haltung,
... nützt einen gemeinsamen Code,
... beruht auf einem gemeinsamen «Wie»,
... regelt das Verhalten,
... braucht Pflege.

Haltung

Mit «Feedbackkultur» wird eine bestimmte Haltung sowie ein Verständnis für Feedback beschrieben und ein Rahmen für den Umgang mit Feedback geboten. Eine funktionierende Feedbackkultur wird nicht einfach angeordnet, sie wird von allen Beteiligten gemeinsam aufgebaut und gepflegt.[21] Die Haltung aller Beteiligten gegenüber der Feedbackkultur ist entscheidend, denn sie beeinflusst die Qualität der Rückmeldungen. Das heißt:
Die Institution nimmt Feedbackkultur als Teil ihrer Verantwortung wahr.
Die Dozentinnen und Dozenten sehen die Feedbackkultur als Teil ihrer Aufgabe und tragen aktiv zu dieser bei.
Die Studierenden erkennen die Feedbackkultur als solche und pflegen diese als Teil ihrer Selbstverantwortung.

Die Institution sowie die Dozierenden müssen darauf achten, dass die Feedback- und Evaluationsstruktur für die Studierenden wahrnehmbar ist. Sie beziehen sich beim Lehren auf deren Unterstützung und Förderung.[22] Vom Sinn des Feedbacks überzeugte Lernende können selbst von Rückmeldungen profitieren und geben wertvolles Feedback.

gemeinsamer Code

Braucht es Regeln, um Feedback zu geben? Mit dem Sender-Empfänger-Modell[23] wird dargelegt, dass sogenannte Störungen reduziert werden, wenn beide Seiten den gleichen Code benutzen. Werden Feedbackregeln nicht als enges Korsett verstanden, sondern als nützliche Richtschnur, sind sie hilfreich. Regeln helfen in diesem Sinn, die Qualität von Feedback zu erhöhen und den Umgang damit zu erleichtern.
Entscheidend ist: Regeln oder ein Leitfaden nützen nur, wenn sie allen bekannt sind und alle diesen Code auch nutzen. Dazu braucht es Vorgaben, die transparent kommuniziert sind und verstanden werden. Bei den Studierenden kann nicht vorausgesetzt werden, dass sie von Beginn an gutes Feedback geben können; sie müssen dazu angeleitet werden.

gemeinsames «Wie»

Zur Feedbackkultur gehört die Auseinandersetzung mit dem «Wie»: Wie wird Feedback eingeholt oder gegeben? Folgende kompakt formulierte Regeln sind aus dem vorhergehenden Kapitel abgeleitet.

Feedback …
… erfolgt auf Augenhöhe.
… verfolgt ein klares Ziel.
… zielt auf die Sache und nicht auf die Person ab.
… soll konstruktiv sein.

Verhalten

Diese Regeln beziehen sich vor allem auf die Haltung gegenüber Feedback und bilden eine Grundlage für den gemeinsamen Code. Feedbackregeln können auch mit stärkerem Bezug zum direkten Verhalten formuliert werden. Wegweisend und in Verbindung mit Feedbackregeln oft zitiert, ist die Arbeit von Ruth Cohn, bekannt unter dem Stichwort TZI (Themenzentrierte Interaktion).[24] Dabei handelt es sich um ein Handlungskonzept, das auf die Arbeit in der Gruppe fokussiert. Als Teil dieses Konzepts hat Cohn neun Regeln für die Diskussion im Team formuliert:

1. In der Ich-Form reden
2. Motivation und Hintergrund von eigenen Fragen transparent machen
3. Bewusstsein über die eigenen Beiträge und Befindlichkeiten haben
4. Möglichst nicht interpretieren

5. Keine Verallgemeinerungen
6. Persönliche Eindrücke deutlich kennzeichnen
7. Störungen haben Vorrang – sie müssen als Erstes behoben werden
8. Es redet immer nur einer
9. Bei Überschneidung von Redebeiträgen kurze Sammlung der Stichpunkte

Diese neun Regeln sind in Bezug auf das Verhalten sehr präzise formuliert und geben innerhalb der Kommunikation ein recht eng gestecktes Feld an. Sie zielen darauf hin, einen gewissen Schutz und eine reibungslos funktionierende Diskussion zu ermöglichen, klammern aber auch weiterführende Möglichkeiten aus. So kann es beispielsweise bei einer Gruppenarbeit durchaus legitim sein, im Wir-Modus zu sprechen. Auch kann der Punkt «Möglichst nicht interpretieren» hinderlich sein. Er bezieht sich auf die Problematik, dass die Interpretation eine Verzerrung oder ein Missverständnis zur Folge haben kann. Dennoch: Interpretieren gehört zum Feedback dazu, denn, wie Elke Hartebrodt-Schwier treffend festgehalten hat: «Watzlawick hat entdeckt, dass man nicht nicht kommunizieren kann. Das Gleiche gilt für Interpretation: Man kann nicht nicht interpretieren.»[25] Zentral ist, sich der möglichen Verzerrung durch Interpretation bewusst zu sein und gegebenenfalls nachzufragen.

Haltung oder Verhalten?

Braucht es nun eher Regeln zur Haltung oder zum Verhalten? Die beiden Themenfelder schließen sich nicht aus, sondern ergänzen sich. Je nach Institution oder auch Situation ist ein eng gestecktes Regelwerk hilfreich oder reicht das Formulieren einer Haltung aus. Wird ein gemeinsames Grundverständnis gesucht, bieten sich Regeln zur Haltung an. Ist ein striktes Schema gefragt, das bei schwierigen Diskussionen greift, werden Regeln zum Verhalten formuliert. Regeln zur Haltung sollten auf Institutionsebene formuliert sein. Präzise Verhaltensregeln beziehen sich eher auf bestimmte Situationen. Regeln zur Haltung können mit Regeln zum Verhalten ergänzt werden.

Pflege

Eine funktionierende Feedbackkultur bleibt nicht einfach so bestehen, ohne Pflege wird sie langsam wieder verschwinden. Das Pflegen einer Feedbackkultur auf allen Ebenen (Lernende, Lehrende, Institution) ist wichtig, weil es die Qualität von Feedback maßgeblich beeinflusst. Zusammengefasst gilt: Damit Feedbackkultur möglich ist, braucht es eine positive Haltung sowie die Bereitschaft zur Auseinandersetzung mit ihr.

Für eine funktionierende Feedbackkultur ist es entscheidend, dass sich alle Beteiligten auf der gleichen Ebene bewegen (kommunizieren) und einen gemeinsamen Nenner haben.

## 3.8 Umsetzen von Feedback

Was geschieht mit dem gesammelten Output aus eingeholtem Feedback? Im schlechtesten Fall verschwinden die erhaltenen Informationen in einer Schublade. Im besten Fall dienen sie zur Verbesserung des Unterrichts.

Teilgebiete

Das Umsetzen eines Feedbacks besteht aus mehreren Teilgebieten. Diese teilt die Autorin in zwei Hauptgruppen auf, die wiederum aus kleineren Themenbereichen bestehen:
Aufbereiten (Auswertung, Dokumentation, Reflexion) und Integrieren (Rückmeldung, Intervention, Anpassung, Neuplanung).

**Aufbereiten**

- Auswertung: Es geht darum, die gesammelten Daten lesbar zu machen. Das kann bedeuten, dass sie durch das Zusammenfassen mit anderen Daten vergleichbar gemacht werden. Es kann sich aber auch um einen zusammenfassenden Text handeln.
- Dokumentation: Teilergebnisse, Zusammenfassungen oder Erkenntnisse einheitlich zu dokumentieren bedeutet, dass diese auch in einem Parallelvergleich oder als Erfahrungsschatz von Nutzen sind. Die Dokumentation von Beobachtungen sieht Hallet[26] als Teil der Systematisierung von Evaluation, die zwingend zur Professionalisierung gehört. Langmaak liefert ein sinnhaftes Bild dazu: «In der Seefahrt ist es üblich, Standorte und Geschehnisse in das Logbuch einzutragen. Es dient unter anderem dazu, rekonstruieren zu können, warum das Schiff da steht wo es steht, [um] bei einer zweiten Reise besser vorbereitet auf diesem Kurs segeln zu können: in Kenntnis der möglichen Untiefen, Strömungen und Winde.»[27]
- Reflexion: Sich mit der erhaltenen Information auseinanderzusetzen und sich Fragen zu stellen, bedeutet Reflexion. Zum Beispiel: Warum wurden einige Ziele nicht erreicht? In welchem Bereich kann die Veranstaltung verbessert werden? Welche Teile haben sich bewährt? «Vom Reflektieren zu neuen Erfahrungen»[28] betitelt Verena Steiner ein Kapitel über den Sinn von Reflexion. Sie weist darauf hin, dass Reflexion Zeit braucht und rät dazu, sich breite Zeitränder zwischen den Aktivitäten freizuhalten, um dem Reflektieren wirklich Raum zu geben.

**Integrieren**

- Rückmeldung: Sie ist nicht strikt auf das Modul und ihre Teilnehmer beschränkt und kann auch an andere Studierende, Dozenten oder an die Institution gerichtet sein. Rückmeldung hat nicht nur mit Geben von Informationen, sondern auch mit Wertschätzung zu tun. Findet das Integrieren von erhaltener Information nicht statt, war das Sammeln derselben schlecht genutzte Zeit.
- Intervention: Das Umsetzen von Feedback steht oft in Zusammenhang mit einer Intervention. Diese steht für einen Eingriff, der den Lernprozess beeinflusst. Eine Rückmeldung kann als Intervention

betrachtet werden, genauso wie ein neuer Input oder der Einsatz von didaktischen Mitteln. Um eine Information zu reflektieren und daraus eine Intervention zu entwickeln, sind Fragen unumgänglich (Wer braucht weitere Informationen? Wann kann das stattfinden? Wie kann sie eingebunden werden? etc.). Hat Feedback einen Mangel aufgedeckt, ist die Intervention die Reaktion darauf.
- Anpassung: Geht es um Informationen, die nicht direkt den Lernenden, sondern eher den Unterricht betreffen, braucht es eine Anpassung des Programms oder des Settings. Anpassung kann vor, während oder nach einer Unterrichtseinheit stattfinden. Anpassung ist Beweglichkeit im Unterricht und ein Grundstein von Qualitätssteigerung.
- Neuplanung: Sie findet statt, wenn eine neue Unterrichtseinheit entsteht. Die gemachten Erfahrungen von anderen Modulen finden in der Neuplanung Verwendung.

Nur eine sorgfältige und reflektierte Aufbereitung von Feedback ermöglicht eine maximale Ausbeute, die nötig ist, um Feedback zu übersetzen und zu integrieren. Der Transfer von Rückmeldungen in die Praxis garantiert den Sinn von Feedback.

## 3.9 Zusammenfassung

**Kernpunkte zu Typen von und Umgang mit Feedback**
- Die Zielsetzung beziehungsweise die Klärung des Ziels ist die Grundlage für das Einholen und Geben von Feedback.
- Die Haltung gegenüber Feedback ist entscheidend. Sie beeinflusst die Art, wie es aufgenommen wird, und dessen Erfolg.
- Feedback geben sowie Feedback empfangen sollte vorwiegend auf der professionellen Ebene stattfinden.
- Facetten wie Perspektive, Kommunikationsmittel oder Zeitpunkt werden in die Feedbackplanung miteinbezogen, um das passende Feedbackinstrument zu bestimmen. Rückmeldungen, die so entstehen, haben das Potenzial, Lehr- oder Lernprozesse zu fördern.

- Grundsätzlich gilt: Feedback einholen erfolgt zielgerichtet und fördert das Feedbackgeben. Zusätzlich sollen jedoch auch ungerichtete Rückmeldungen genutzt werden.
- Feedbackkultur ist «Sein» und «Bewusstsein».
- Feedbackregeln entstehen im Team und unterstützen die Kommunikation.
- Der Transfer von Feedback zurück in die Praxis gibt diesem erst wirklich Sinn.

Aus der Praxis weiß ich: Niemals kann alles Feedback eingeholt werden. Von dem, was eingeholt wird, kann nur ein kleiner Teil verwertet werden. Aber auch der kleinste Schritt, den Feedback auslöst, macht dieses zum wertvollen Gut.

1 Schubiger, Andreas: Lehren und Lernen. Bern: hep Verlag, 2013, S. 141.

2 Steiner Verena: Exploratives Lernen. München und Zürich: pendo Verlag, 2006, S. 27

3 Dies wurde bereits in Kap. 1.1 festgestellt und ausgeführt.

4 Im thematisch geordneten Literaturverzeichnis findet sich eine Liste hilfreicher Bücher zum Thema «Kommunikation».

5 Schumacher, Eva-Maria: Schwierige Situationen in der Lehre. Opladen & Farmington Hills: Verlag Barbara Budrich, 2011, S. 19

6 Zu Feedbackkultur siehe auch Kap. 3.6

7 Dieses Modell wurde durch Schulz von Thun entwickelt.

8 Vgl. Waldherr, Franz; Walter, Claudia: didaktisch und praktisch/Hallet, Wolfgang: didaktische Kompetenzen, S. 160/Schubiger, Andreas: Lehren und Lernen, S. 146

9 Hallet, Wolfgang: Didaktische Kompetenzen. Stuttgart: Klett Verlag, 2006, S. 160

10 Schumacher, Eva-Maria: Schwierige Situationen in der Lehre. Opladen & Farmington Hills: 2011, S. 30 ff.

11 Waldherr, Franz; Walter, Claudia: didaktisch und praktisch. Ideen und Methoden für die Hochschullehre. Stuttgart 2014, Schäffer Poeschl Verlag, S. 146

12 Siehe auch Kap. 3.2

13 Hattie, John: Lernen sichtbar machen für Lehrpersonen. Baltmannsweiler: Schneider Verlag, 2014

14 Siehe auch Kap. 2.2

15 Widorski, Dagmar u. a.: Lernenden fördernd Feedback geben. Bern: hep Verlag, 2012, S. 19

16 Schubiger, Andreas: Lehren und Lernen. Bern: hep Verlag, 2013, S. 144 ff.

17 Dozierendenkongress der Migros Klubschule 2015: Referat «Wirkungsvoller Umgang mit Feedback» von Wolfgang Beywl: https://vimeo.com/152186639 (Zugriff 15.3.2016)

18 Zugriff: Mai 2016: http://web.fhnw.ch/plattformen/hattie-wiki/begriffe/Feedback

19 Schumacher, Eva-Maria: Schwierige Situationen in der Lehre. Opladen & Farmington Hills: 2011, S. 68

20 Beetz, Jürgen: Feedback. Wie Rückkoppelung unser Leben bestimmt und Natur, Technik, Gesellschaft und Wirtschaft beherrscht. Berlin Heidelberg: Springer Verlag, 2016, S. 179

21 Keller, Hans: Bildungsdirektion Kanton Zürich: Aufbau und Elemente einer Feedbackkultur. (pdf, S. 4) http://www.mba.zh.ch/dam/bildungsdirektion/mba/internet/dienstleistungen_kommunkation/qualit%C3%A4tsentwicklungENTWURF/LS_individualfeedback/aufbau_elemente_einer_feedbackultur.pdf.spooler.download.1395656832035.pdf/aufbau_elemente_einer_feedbackultur.pdf Zugriff: Juli 2016

22 Hallet, Wolfgang: Didaktische Kompetenzen, S. 165

23 Siehe Kap. 3.2

24 Cohn, Ruth: Von der Psychoanalyse zur themenzentrierten Interaktion. Von der Behandlung einzelner zu einer Pädagogik für alle. Klett-Cotta, Stuttgart 1975

25 Hartebrodt-Schwier, Elke: So geht's: Feedback geben. S. 38

26 Hallet, Wolfgang: Didaktische Kompetenzen, Lehr- und Lernprozesse erfolgreich gestalten. Stuttgart: Klett Verlag, 2009, S. 165

27 Langmaak, Barbara; Braune Krickau, Michael: Wie die Gruppe laufen lernt. Weinheim: Beltz Verlag, 2000, S. 203

28 Steiner, Verena: Exploratives Lernen. München und Zürich: pendo Verlag, 2006, S. 43 ff.

# 4 Werkzeuge, an die Arbeit!

Späne sollen fallen, Werkzeuge ausprobiert werden. Es darf auch mal einen Kratzer oder eine weniger gelungene Stelle geben, denn auch Misserfolge gehören dazu. Je mehr ein Werkzeug eingesetzt wird, desto besser liegt es in der Hand und desto einfacher gelingt die Anwendung. Ein gut beherrschtes Werkzeug ermöglicht das Experimentieren und Weiterentwickeln.
Kurzum: Genug Theorie, jetzt sind Sie dran! Dieses Kapitel liefert Werkzeuge und lädt zum Anwenden ein. Der Einstieg empfiehlt sich über Kapitel 4.1: Eine Vorarbeit, die hilft, das richtige Werkzeug zu wählen. Anschließend gibt es unterschiedliche Möglichkeiten fortzufahren: Sie haben bereits eine Feedbacksituation vor Augen und suchen ein passendes Werkzeug dazu? Dann empfehle ich Kapitel 4.2. Es zeigt gängige Feedbacksituationen im Unterricht auf und verweist auf passende Werkzeuge. Sie möchten neue Werkzeuge kennenlernen und sich zu einem passenden Werkzeug inspirieren lassen? Dann finden Sie in Kapitel 4.3 in der Toolbox unterschiedliche Feedbackinstrumente mit Gebrauchsanleitungen. Sie möchten experimentieren? Das Kapitel 4.4 lädt Sie dazu ein und bietet weitere Inspirationen.

## 4.1 Fragen stellen, Werkzeug auswählen

Die im Folgenden ausgewählten Fragen sind ein Zusammenzug aus den vorhergehenden Kapiteln und in der Praxis ausgiebig erprobt. Es ist nicht zwingend, dass alle Fragen in jedem einzelnen Fall beantwortet werden. Auch die Reihenfolge kann variieren. Vielmehr geht es darum, Ansatzpunkte zu nennen, die zu Überblick und zur Wahl des Feedbackwerkzeuges verhelfen. Gerade bei komplexeren Feedbacksituationen ist es zu empfehlen, diese Fragen nicht nur gedanklich durchzuspielen, sondern sich auch Notizen dazu zu machen.

**Was ist das Ziel?**
Bei der Zielfrage können die drei grundsätzlichen Fragen nach Hattie (vgl. Kap. 1.2, 3.1, 3.4 und 3.6) helfen:
Wohin gehe ich? (Lernintentionen/Ziele/Erfolgskriterien)
Wie komme ich voran? (Selbstbewertung und Selbsteinschätzung)
Wohin geht es als Nächstes? (Fortschreiten, neue Ziele)

**Warum gebe ich Feedback oder hole ich Feedback ein?**
Mein Gegenüber sollte wissen, welches Ziel mit dem Feedback verfolgt wird. Das Bewusstsein dazu und die Transparenz darüber sind ein guter Grundstein für erfolgreiches Feedback. (Vgl. auch Kap. 1.2, 3.1, 3.4 und 3.6.)

**Welche Rahmenbedingungen gilt es zu beachten?**
Mit Gedanken zu diesem Themenfeld können Stolpersteine vermieden oder wenigstens rechtzeitig erkannt werden.

**Welchen Zeitpunkt wähle ich?**
Je nach Zielsetzung für das Feedback wird dieses proaktiv, formativ oder summativ beziehungsweise vor, während oder gegen Ende einer Einheit eingeholt (vgl. auch Kap. 3.5).

**Welche Perspektive nehme ich ein?**
Welche Perspektive oder Sicht soll erfragt werden? Beispiele sind: Dozent, Lernender, Institutionsleitung, der Einzelne, die Gruppe (vgl. auch Kap. 3.4 und 3.6).

**Welche Handlungsform ist passend?**
Hierbei ist es wichtig, sich im Klaren darüber zu sein, auf welcher Wissensstufe sich das Gegenüber befindet (vgl. auch Kap. 3.6).

**Wie möchte ich die erhaltene Information am Schluss umsetzen?**
Die Umsetzung ist zwingend, denn nur sie verleiht dem Einholen von Feedback Sinn (vgl. auch Kap. 3.8).

**Welche bereits gemachten Erfahrungen mit Feedback kann ich nutzen?**
Vielleicht gab es schon mal ähnliche Situationen? Bedienen Sie sich aus Ihrem Erfahrungsschatz.

Diese Art von Vorarbeit braucht zu Beginn etwas Zeit. Sie lohnt sich aber. In der Regel gilt: Je mehr Fragen im Vorfeld gestellt und beantwortet werden, desto größer ist die Chance auf ein erfolgreiches Feedback.

## 4.2 Quicklist: Situationen und passende Werkzeuge

Im Folgenden sind feedbackbezogene Standardsituationen aus dem Unterricht aufgeführt und jeweils mit einem Praxisbeispiel kurz beschrieben. Zu jeder Situation gibt es eine Auflistung passender Feedbackwerkzeuge.

Orientierung

Wie funktioniert die Quicklist und wie finden Sie sich darin zurecht? Zur besseren Übersicht sind die Situationen in mehrere Gruppen gegliedert. Außerdem gilt:

- Die einzelnen Situationen sind zusätzlich mit einem Großbuchstaben gekennzeichnet. Dieser führt den Leser von der Toolbox (Kap. 4.3) her zur Quicklist.
- Einzelne Situationen sind in mehreren Varianten aufgeführt, diese werden zusätzlich zum Buchstaben mit einer Nummer ergänzt.
- «Praxisbeispiel» umreißt eine mögliche Situation im Unterricht.
- «Werkzeuge» listet mögliche Feedbackwerkzeuge für die Anwendung auf.
- Die ausführlichen Beschreibungen der einzelnen Werkzeuge finden Sie in der Toolbox in Kap. 4.3.
- Die Werkzeuge, die mit einem * markiert sind, dienen der Situation nur teilweise und eignen sich zur Kombination mit weiteren Werkzeugen.

## Anfangssituation

**A: Vorwissen der Teilnehmenden in der Planung berücksichtigen**

Praxisbeispiel: Das Modul ist noch in Planung. Informationen werden im Sinne eines proaktiven[1] Feedbacks im Vorfeld eingeholt und in der Planung berücksichtigt. Die Inhalte sollen auf das Vorwissen der Teilnehmer zugeschnitten sein, damit diese maximal profitieren können.
Werkzeuge: Brief, E-Mail

**B: Einstieg mit neuer Gruppe und einem neuen Thema**

Praxisbeispiel: Die neuen Studierenden starten mit ihrem ersten Projekt. Der Einstieg dient dazu, sich kennenzulernen. Außerdem sollen Informationen an die Studierenden gehen und auch erste Informationen von den Studierenden zurück an den Dozierenden gelangen.
Werkzeuge: Blitzlicht (schriftliches, sternförmiges, Symbole), Brainstorming, Checkliste*, Erwartungsinventar, Findet mich das Glück?, Gedrehte Erwartung, Gegenstand findet mich, Lebendige Statistik, Lern- und Arbeitsvereinbarung*, Postkarten-Feedback

**B2: Einstieg mit bekannter Gruppe; Anknüpfen an ein bekanntes Thema**
Praxisbeispiel: Das Modul baut auf dem vorhergehenden Semester auf. Die Gruppe ist klein. Ein gemeinsamer, zusammenfassender Rückblick trägt das vorhandene Wissen zusammen.
Werkzeuge: Blitzlicht (schriftliches, sternförmiges, Symbole), Brainstorming, Checkliste, Findet mich das Glück?, Impulssätze, Kurztest, Lebendige Statistik, Lerntagebuch/Logbuch* (vom letzten Semester), Murmelgruppe*, Prozessanalyse, Reflexionsbogen, Vernissage

**C: Unmotivierte Teilnehmende sind zu erwarten**
Praxisbeispiel: Ein bestimmter Ruf eilt der Gruppe voraus: Man sagt, diese Studierenden seien schwer zu motivieren. Erschwerend kommt dazu, dass Sie ein bei den Studierenden ohnehin nicht besonders geschätztes Pflichtmodul unterrichten müssen. Diese potenziellen Stolpersteine sollen gleich zu Beginn thematisiert werden. Die Gruppe wird so aktiv in den Unterricht miteinbezogen.
Werkzeuge: Blitzlicht* (schriftliches, sternförmiges), Brainstorming, Diskussionsrunde, Erwartungsinventar, Gedrehte Erwartung, Intervention aus Feedback erarbeiten*, Lern- und Arbeitsvereinbarung, Zaubertrank

**D: Es kommt anders als geplant**
Praxisbeispiel: Der Dozent ist falsch informiert worden: Nun ist die Gruppe doppelt so groß, wie er erwartet hat. Der geplante Einstieg wird deshalb nicht funktionieren. Um mit dieser Situation zurechtzukommen, muss er «aus der Not eine Tugend machen». Sinnvoll ist es, auf Tools umzustellen, die sich für große Gruppen eignen. Alternativ kann auch die Gruppe den Einstieg in Kleingruppen selber erarbeiten (z. B. mit dem Erwartungsinventar). Letzteres gibt dem Dozenten etwas Zeit, sich neu zu orientieren.
Weitere Praxisbeispiele: Es steht kein freies Zimmer zur Verfügung, es fehlt wichtiges Material, die zu unterrichtende Gruppe ist kleiner als erwartet.
Werkzeuge: Ungeplantes beim Einstieg kann unprofessionell wirken. Transparenz und gemeinsame Lösungssuche sind gute Ansätze. Blitzlicht (sternförmiges: für große Gruppen geeignet), Erwartungsinventar,

Findet mich das Glück?, Gegenstand findet mich (eher für kleine Gruppe geeignet)

**E: Informationen geben**
Praxisbeispiel: Die Studierenden werden nach einem ersten Einstieg über Ziele, Erwartungen und Inhalte informiert. Auch administrative Informationen und Regelungen sollen angebracht werden. Das Ziel ist Schaffen von Transparenz, Fördern der Motivation und Erstellen von Vereinbarungen.
Werkzeuge: Checkliste, Lern- und Arbeitsvereinbarung

## Situationen während/im Prozess

**F: Die Dozentin setzt sich zum Ziel, den Prozess der Studierenden aktiv mit Feedback zu begleiten.**
Praxisbeispiel: Die Studierenden des ersten Semesters sind eher ungeübt im Umgang mit Projekten. Damit sie auch hinsichtlich zukünftiger Projektabwicklungen viel lernen, wird der Prozess engmaschig begleitet. Die Lernenden sollen an möglichst vielen Stationen Rückmeldung erhalten oder über ihr Vorgehen und ihre Leistung reflektieren.
Werkzeuge: Beratung (zwischen Dozentin und Studentin oder angeleitet zwischen Studierenden), Checkliste, Diskussionsrunde, Gratisinfo, Gruppenbrief, Impulssätze, Knoten mit Inhalt, Kurztest, Lerntagebuch/Logbuch, Lösungsorientiertes Nachfragen, Noten geben, Prozessanalyse, Reflexionsbogen, Round Table, Telefonbefragung, To-Do-Liste

**G: Der Zwischenstand wird beleuchtet**
Praxisbeispiel: Die Studierenden stehen in der Mitte des Semesters. Es soll festgestellt werden, ob sie mit den Lernzielen auf Kurs sind. Die Inhalte des Moduls werden thematisiert, um festzustellen, ob es Anpassungen braucht.
Werkzeuge: Bewertungsbogen, Blitzlicht (schriftliches, sternförmiges, Symbole), Checkliste, Evaluationsbogen, Evaluation Zwischenstand, Gruppenbrief, Impulssätze, Kugellager*, Kurztest, Lebendige Statistik*,

Lehrveranstaltungsgeschichte, Minute Paper, Noten geben, Prüfungsfragen-Austausch, Skalierung zum Seminarverlauf, Telefonbefragung, To-Do-Liste, Zukunftswerkstatt

**H1: Umgang mit Selbstreflexion und Selbstevaluation der Studierenden**

Praxisbeispiel: Die Studierenden sollen lernen, sich selbst Feedback zu geben. Der Umgang mit Reflexion wird thematisiert und praktiziert. Werkzeuge zur Überprüfung der eigenen Leistung werden geboten.
Werkzeuge: Checkliste, Fünf-Finger-Feedback, Gratisinfo, Gruppenbrief, Gruppe als Papier*, Impulssätze, Knoten mit Inhalt, Kugellager, Lerntagebuch/Logbuch, Murmelgruppe, Prozessanalyse, Prüfungsfragen-Austausch, Reflexionsbogen, Round Table, Skalierung zum Seminarverlauf, Telefonbefragung, To-Do-Liste

**H2: Umgang mit Selbstreflexion und Selbstevaluation der Dozierenden**

Praxisbeispiel: Die Dozentin reflektiert den Unterricht, um wertvolle Informationen für die eigene Arbeit zu erhalten. Sie zieht Feedbacktools oder andere Personen hinzu, um Rückmeldungen zur eigenen Arbeit einzuholen.
Werkzeuge: Bewertungsbogen, Bilanz ziehen, Evaluationsbogen, Fliege an der Wand, Gratisinfo, Lerntagebuch/Logbuch, Lesson Study (Alle Feedbackinstrumente reflektieren den Unterricht und somit die eigene Arbeit. Die aufgelisteten Werkzeuge zielen stärker auf die eigene Arbeit ab.)

**I: Schnelles Feedback zwischendurch erhalten**

Praxisbeispiel: Zwischendurch soll schnell und unkompliziert Feedback zu einer Aufgabe, als Stimmungsabfrage oder zur Orientierung für die weiteren Lektionen eingeholt oder auch gegeben werden.
Werkzeuge: Blitz-Feedback mit Smileys, Blitzlicht (schriftliches, sternförmiges, Symbole), Brainstorming, 3D-Feedback, Gruppe als Papier, Impulssätze, Postkarten-Feedback, Skalierung zum Seminarverlauf

## Situationen zum Ende, Abschluss

**J1: Gegenseitige Prüfungsvorbereitung oder Grundlage zur Prüfungsvorbereitung**

Praxisbeispiel: Die Studierenden geben sich gegenseitig zu ihrem Wissensstand Feedback, um so eine Grundlage für die Prüfungsvorbereitung zu schaffen.

Werkzeuge: Beratung, Findet mich das Glück?, Knoten mit Inhalt, Kugellager, Murmelgruppe, Prüfungsfragen-Austausch, Telefonbefragung, Vernissage

**J2: Prüfungsvorbereitung durch den Dozenten**

Praxisbeispiel: Der Dozent unterstützt die Prüfungsvorbereitung aktiv. Diese Situation ergibt sich eher bei jüngeren oder prüfungsunerfahrenen Studenten.

Werkzeuge: Beratung, Kurztest, Lösungsorientiertes Nachfragen*

**K: Vorbereitung zum abschließenden Feedback**

Praxisbeispiel: Ein summatives Feedback soll am Ende des Semsters eingeholt werden. Da die Studierenden ein ganzes Semester beziehungsweise eine lange Zeitspanne bewerten, besteht die Gefahr, dass sie sich nicht an alles oder tendenziell nur an die letzten Lektionen erinnern können. Das Erinnerungsvermögen soll aufgefrischt werden. Das Semester wird durch den Dozenten oder die Studenten zusammengefasst.

Werkzeuge: Blitzlicht*, Checkliste, Kognitive Landkarte, Kugellager*, Lerntagebuch/Logbuch, Podiumsdiskussion, Reflexionsbogen

**L1: Abschließendes Feedback in sehr großer Gruppe einholen**

Praxisbeispiel: Eine Vorlesungsreihe wurde von jeweils 50 Studierenden besucht. Am Schluss soll zur Qualitätsprüfung und zum Sammeln von Informationen zwecks möglicher Anpassung für eine nächste Durchführung summatives Feedback eingeholt werden.

Werkzeuge: Bewertungsbogen, Bilanz ziehen, Blitzlicht (schriftliches), 3D-Feedback, Evaluationsbogen, Minute Paper, Smiley Board

**L2: Abschließendes Feedback in kleiner Gruppe**
Praxisbeispiel: Ein Workshop wurde von 10 Studenten besucht. Am Schluss steht das Einholen von Feedback an.
Werkzeuge: Bilanz ziehen, Blitzlicht-Feedback mit Smileys, Blitzlicht, Blitzlicht (Symbole), Brainstorming, Evaluationsbogen, Fünf-Finger-Feedback, Gruppe als Papier, Impulssätze, Kognitive Landkarte, Lehrveranstaltungsgeschichte, Minute Paper, Smiley Board, Skalierung zum Seminarverlauf, Vernissage

**L3: Abschließendes Feedback im Einzelgespräch**
Praxisbeispiel: Die Qualität der Abschlussarbeit und die Leistung eines Studenten sollen in einem Gespräch zwischen Dozentin und Student besprochen werden. Es geht um das Geben und Einholen von Feedback.
Werkzeuge: Fünf-Finger-Feedback, Impulssätze, Lösungsorientiertes Nachfragen*, Noten geben*, Rückmeldungsgespräch

**L4: Abschließendes Feedback mit wenig Zeit**
Praxisbeispiel: Für das Einholen von Feedback am Ende des Moduls wurde wenig Zeit budgetiert, weil es sich um ein kurzes Modul handelt.
Werkzeuge: Bewertungsbogen, Bilanz ziehen, Blitzlicht-Feedback mit Smileys, Blitzlicht, Blitzlicht (schriftliches), 3D-Feedback, lebendige Statistik, Minute Paper, Postkarten-Feedback, Smiley Board

**L5: Abschließendes summatives Feedback zur Qualitätssicherung**
Praxisbeispiel: Ein Modul soll zum Schluss summativ bewertet werden, um die Qualität zu kontrollieren und somit zu sichern.
Werkzeuge: Bewertungsbogen, Bilanz ziehen, Blitzlicht (schriftliches), Evaluationsbogen, Fünf-Finger-Feedback, Kurztest*, Lehrveranstaltungsgeschichte, Smiley Board*

## Schwierige Situationen

**M: Vieles klappt nicht (Anwesenheit, Gruppenarbeit, …)**
Praxisbeispiel: Ein großer Teil der Studierenden hält sich nicht an Richtlinien und Abmachungen. Einige kommen zu spät oder melden sich nicht ab. Andere geben ihre Arbeit nicht fristgerecht ab, wieder andere machen im Unterricht nicht mit. Diese Problematik soll thematisiert werden. Überdies soll eruiert werden, wo die Probleme liegen.
Werkzeuge: Diskussionsrunde, Gedrehte Erwartung, Lösungsorientiertes Nachfragen, Intervention aus Feedback erarbeiten, Kaffee trinken, Lern- und Arbeitsvereinbarung*, Prozessanalyse, Zaubertrank

**N: Umgang mit negativem Feedback**
Praxisbeispiel: In der Zwischenevaluation gab es einige Voten, in denen der Unterricht stark kritisiert wurde. Nun geht es um den Versuch, nicht emotional zu reagieren, sondern auf der konstruktiven Schiene Probleme aufzudecken und zu lösen.
Werkzeuge: Erwartungsinventar*, Gruppenbrief als Papier*, Impulssätze, Intervention aus Feedback erarbeiten, Kugellager*, Lösungsorientiertes Nachfragen, Murmelgruppe*, Reflexionsbogen, Zaubertrank, Zukunftswerkstatt

**O: Wo ist der rote Faden?**
Praxisbeispiel: In der Pause fragt ein Student nach dem Zusammenhang der einzelnen Lektionen, auch in Bezug auf die Prüfung zum Abschluss des Moduls. Ein zweiter Student bekräftigt das Anliegen: Offensichtlich fehlt der Zusammenhang oder der rote Faden ist nicht (mehr) sichtbar. Feedback einholen und geben soll beiden Seiten helfen, den roten Faden wieder aufzunehmen.
Werkzeuge: Blitzlicht, Brainstorming, Checkliste, Knoten mit Inhalt*, Kugellager*, Podiumsdiskussion*, To-Do-Liste

**P: Die Luft ist raus**
Praxisbeispiel: Gegen Ende eines Semesters ist die Stimmung schlecht: Die Studierenden sind unmotiviert, aber es ist unklar, woran es liegt. Die

Studierenden sollen nochmals aktiviert werden und bei der Problemfindung und Lösung beteiligt werden.
Werkzeuge: Blitzfeedback mit Smileys*, Blitzlicht, Blitzlicht (sternförmiges), Brainstorming, Diskussionsrunde, Findet mich das Glück?, Gruppe als Papier, Impulssätze, Kugellager*, Lösungsorientiertes Nachfragen, Murmelgruppe*, Postkarten-Feedback, Zaubertrank, Zukunftswerkstatt

**Q: Intervention erarbeiten**
Praxisbeispiel: Ein Problem besteht und wurde durch das Einholen von Feedback verifiziert. Der Dozent möchte nun gemeinsam mit der Gruppe durch weitere Rückmeldungen Lösungen erarbeiten.
Werkzeuge: Brainstorming*, 3-D-Feedback, Evaluation Zwischenstand, Gedrehte Erwartung*, Forum*, Intervention aus Feedback erarbeiten, Murmelgruppe*, Podiumsdiskussion*, Prozessanalyse, Reflexionsbogen, Vernissage, Zaubertrank, Zukunftswerkstatt

## Situationen zum Stand der Dinge

**R: Unsicherheit darüber, wie eine Lektion, ein Ausflug, eine Einheit bei den Studierenden angekommen ist**
Praxisbeispiel: Um neue Impulse zu setzen, hat die Klasse eine themenrelevante Ausstellung mit anschließendem Workshop besucht. Dazu wurden die Studierenden in mehrere Gruppen aufgeteilt. Die Dozentin weiß nun nicht, wie der Ausflug angekommen ist und ob ihre Ziele für den Unterricht erfüllt wurden.
Werkzeuge: Blitz-Feedback mit Smileys, Blitzlicht (schriftliches, sternförmiges, Symbole), Brainstorming, Diskussionsrunde, 3-D-Feedback, Gruppe als Papier, Impulssätze, Lebendige Statistik, Murmelgruppe*, Podiumsdiskussion, Postkarten-Feedback, Smiley Board, Vernissage*

**S: In einer großen Gruppe den Überblick behalten, Stimmung abfragen (zwischendurch)**
Praxisbeispiel: Die Gruppe ist mit 50 Studierenden sehr groß. Mit dem Ziel, allenfalls Anpassungen am Unterricht vornehmen zu können, soll trotz der Gruppengröße zwischendurch die Stimmung oder die tendenzielle Meinung erfasst werden.
Werkzeuge: Bewertungsbogen, Blitz-Feedback mit Smileys, Blitzlicht (schriftliches, sternförmiges), 3-D-Feedback, Evaluationsbogen, Lebendige Statistik, Minute Paper

**T: Rückmeldungen nutzen, um gemeinsam das weitere Vorgehen zu bestimmen**
Praxisbeispiel: Das Modul orientiert sich nicht an einem fixen Lehrplan, sondern lediglich an einem vorgegebenen, allgemeinen Überthema. Die Studenten sollen Ideen einbringen, um Teile des Moduls zu konkretisieren.
Werkzeuge: Blitzlicht, Brainstorming, Diskussionsrunde, 3D-Feedback*, Evaluation Zwischenstand, Impulssätze, Kognitive Landkarte, Murmelgruppe, Round Table*, Vernissage, Zukunftswerkstatt

**U: Lernzielkontrolle**
Praxisbeispiel: Der Dozent möchte überprüfen, ob die Ziele erreicht wurden. Er ist nicht sicher, welches Wissen aufgenommen wurde und wo noch Lücken bestehen.
Werkzeuge: Beratung, Checkliste, Evaluation Zwischenstand, Gruppenbrief, Kurztest, Murmelgruppe*, Prüfungsfragen-Austausch, To-Do-Liste

**V: Feedback von außen**
Praxisbeispiel: Nach einigen Jahren Berufserfahrung fragt sich die Dozentin, wie ihr Unterricht von außen gesehen wirkt. Sie möchte ihren Horizont um eine Perspektive von außen erweitern.
Werkzeuge: Fliege an der Wand, Forum, Lesson Study, Streudiagramm

## Eigene Situationen

E

Gibt es weitere Situationen, die Sie oft antreffen? Hier gibt es Platz für Ihre Notizen. Tipp: Sie können die jeweiligen Buchstaben zusätzlich unter «4.3 Toolbox» zu den passenden Situationen hinzu notieren.

W:

X:

Y:

Z:

## 4.3 Toolbox: Werkzeuge

Das Lehren und Lernen mit allen Sinnen gilt als besonders ertragreich. Das Betrachten verschiedener Perspektiven wird mit unterschiedlichen Informationen belohnt.
Darauf aufbauend finden sich in der Toolbox Feedbackwerkzeuge, die das Betrachten unterschiedlicher Blickwinkel fördern, die Feedback visuell erfassen lassen, anfassbar machen oder vergegenständlichen und die Sprache, Schrift, Auge, Haptik und Kreativität fördern.
Die Toolbox ist als Einladung gedacht, um unterschiedliche Werkzeuge zu nutzen, sich davon inspirieren zu lassen und auszuprobieren. Die aufgeführten Werkzeuge sind eine Auswahl an Tools, die von der Autorin erprobt, entwickelt oder weitergedacht worden sind.

Orientierung

Wie ist die Toolbox aufgebaut und wie finden Sie sich darin zurecht?

- Die Feedbackwerkzeuge sind alphabetisch aufgeführt.
- Die Informationen zum jeweiligen Werkzeug folgen dem jeweils einheitlich aufgebauten Raster:
  Ablauf: Er zeigt auf, wie das Werkzeug in der Praxis eingesetzt werden kann. Teilweise werden Varianten des Ablaufs aufgeführt.
  Bemerkungen: Diese beinhalten Zusatzinformationen und Facetten zur Anwendung.
  Gruppengröße: Sie ist jeweils mit «klein« bis «sehr groß» beschrieben. Ungefähre Teilnehmerzahlen dazu sind: klein: (4–12), mittel: (12–20), groß: (20–40), sehr groß: (40–100).
  Geeigneter Zeitpunkt: Er reicht von «vor» über «während» bis «nach».
  Dauer: Eine Spannbreite ist festgehalten, Einflüsse auf die Zeitdauer können zusätzlich angegeben sein.
  Arbeitsaufwand: Der Aufwand für Vorbereitung, Durchführung und Nachbereitung wird als Gesamtes oder bei starken Unterschieden für die jeweilige Phase mit «gering», «mittel» oder «groß» beschrieben.
  Vor- und Nachteile: Thematisiert werden weitere Hinweise, die für die Anwendung maßgebend sein können.

Quelle: Die Angabe zur Herkunft des Werkzeuges wird angegeben. Handelt es sich um ein weit verbreitetes Werkzeug, ist dies mit «allgemein bekannt» versehen.
Passende Situationen: Die Querverbindung zum Kapitel «Quicklist» wird hier mittels Großbuchstaben hergestellt.

Tipp: Fühlen Sie sich frei, das jeweilige Werkzeug Ihrem Zweck anzupassen. Mehr dazu im Kapitel 4.4.

Die Toolbox: Inspirieren lassen, ausprobieren, anpassen.

# B

## Beratung

Ablauf: Lehrender und Lernender setzen sich für ein Gespräch zusammen. Vorab ist definiert, wie lange das Gespräch dauert und welches die Kernpunkte des Gesprächs sein sollen. Mögliche Punkte als Gesprächsgrundlage könnten sein: Wo stehe ich im Prozess? Wo muss ich noch hin? Was soll das Resultat sein? Welche Zwischenergebnisse sind vorhanden? Was muss beim weiteren Vorgehen beachtet werden?
Für den Abschluss des Gesprächs empfiehlt sich eine kurze Zusammenfassung des Outputs.
Variante 1: Das Gespräch findet in kleinen Gruppen statt. Diese Variante bietet sich an, wenn Gruppenarbeiten besprochen werden oder wenn

nicht genügend Zeit für mehrere Einzelgespräche vorhanden ist (siehe auch «Round Table»).
Variante 2: Zwei Lernende bilden jeweils eine Beratungsgruppe, wobei der eine Berater ist und der andere Lernender. Anschließend werden die Rollen getauscht.
Bemerkungen: Die Beratung dient dem Aufzeigen möglicher Wege und nicht der direkten Bewertung. Es geht auch nicht darum, jemanden von einer gewissen Meinung zu überzeugen.
Gruppengröße: einzeln oder zu zweit, auch in Kleingruppen
Geeigneter Zeitpunkt: während (prozessbegleitend, mehrfach)
Dauer: 10–20 Minuten pro Person (oder Kleingruppe)
Arbeitsaufwand: Vor- und Nachbereitung gering, Durchführung groß (Einzelgespräche summieren sich zeitlich)
Vorteile: Dieses Werkzeug ermöglicht einen persönlichen Umgang und kann individuell auf den Einzelnen angepasst werden. Es unterstützt den kreativen Prozess und fördert das Bilden von neuen Ideen. Es bietet dem Gegenüber eine zusätzliche Perspektive.
Nachteile: zeitaufwendig
Quelle: allgemein bekannt
Passende Situationen: F, J1, J2, U

## Bewertungsbogen

Ablauf: Der Dozent oder die Institution erstellt im Vorfeld einen Fragebogen. Dieser stellt 10 bis 15 Feedbackfragen zu bestimmten Themen. Diese können sich auf ein Modul oder einen Teil davon beziehen. Die Fragen werden mit 1 bis 6 Punkten bewertet. Die ausgefüllten Bewertungsbögen werden eingezogen und ausgewertet.
Variante: Anstelle von Fragebögen können Plakate mit Klebepunkten bewertet werden (siehe auch «Smiley Board»).
Bemerkungen: Die Qualität des Bewertungsbogens beeinflusst die Qualität des Feedbacks stark. Dementsprechend zentral ist es, passende und klar formulierte, kurze Fragen zu stellen. Die Fragen lassen sich vom Ziel des Bewertungsbogens ableiten. Die Fragen sollten so aufgebaut sein, dass sie vom Ganzen (Gesamteindruck der Vorlesung) ins Detail (Aktualitäts-

bezug der einzelnen Themen) gehen.
Gruppengröße: klein bis sehr groß
Geeigneter Zeitpunkt: nach einer größeren Einheit im Modul oder zu dessen Ende
Dauer: 5–10 Minuten
Arbeitsaufwand: Je nach Komplexität ist das Erstellen der Bögen aufwendig. Werden bereits vorhandene Vorlagen wiederverwendet, ist der Zeitbedarf dazu gering. Das Ausfüllen braucht wenig Zeit, die Nachbereitung erfordert hingegen erheblichen Aufwand.
Vorteile: Dieses summative Instrument liefert Resultate, die unter Umständen mit anderen Modulen vergleichbar sind (siehe auch «Streudiagramm»).
Nachteile: Arbeitsaufwand groß
Quelle: allgemein bekannt, Beispielbögen in: Hallet, Wolfgang: Didaktische Kompetenzen. Stuttgart: Klett Lernen und Wissen GmbH, 2006, S. 170. Katalog mit Fragethemen in: Brinker, Tobina; Schumacher, Eva-Maria: Befähigen statt belehren. Bern: hep Verlag, 2014, S. 154 ff.
Passende Situationen: G, H2, L1, L4, L5, S

## Bilanz ziehen

Ablauf: Mit folgenden zwei Fragen wird Bilanz gezogen:
1. Was würden Sie wiederfinden wollen, wenn Sie an diesem Seminar noch einmal teilnehmen würden?
2. Welche Veränderungsvorschläge fallen Ihnen ein, wenn Sie diese Veranstaltung selber leiten würden – in Bezug auf Prozess, Klima und Leitung?
Die Bilanz kann durch Zurufen und Notieren an einem Flipchart festgehalten werden oder schriftlich erfolgen. Die Summe der Bilanz kann anschließend noch kurz kommentiert oder diskutiert werden.
Bemerkungen: Wenn keine Zeit oder Energie für ein umfängliches summatives Werkzeug besteht, kann mit diesem Instrument einige Information eingeholt werden.
Gruppengröße: klein (mit Zurufen) bis groß (mit vorgedrucktem Formular)
Geeigneter Zeitpunkt: abschließend
Dauer: 10–20 Minuten

Arbeitsaufwand: Vorbereitung gering, Nachbereitung je nach Gruppengröße und Form groß
Vorteile: einfach anzuwendendes und schnelles Werkzeug
Nachteile: Die Bilanz kann sehr oberflächlich ausfallen, viele Informationen werden nicht abgefragt und die Ergebnisse sind nicht direkt vergleichbar.
Quelle: Langmaak, Barbara; Krickau, Michel: Wie die Gruppe laufen lernt. Weinheim: Beltz-Verlag, 2000, S. 248
Passende Situationen: H2, L1, L2, L4, L5

## Blitz-Feedback mit Smileys

Ablauf: Die Studierenden haben ein lachendes und ein weinendes Smiley auf zwei separaten Karten vor sich. Die Dozentin stellt Fragen an die Gruppe. Zum Beispiel: «Fühlen Sie sich bei dem Thema XY sicher?» Die Studierenden halten darauf das lachende oder das weinende Smiley hoch. Die Dozentin kann sich das Resultat notieren und die nächste Frage stellen. Bei vielen weinenden Smileys lohnen sich Anschlussfragen, die klären, wo genau das Problem liegt. Zum Beispiel: «Viele von Ihnen scheinen Unsicherheiten zu haben. Würde eine kurze Zusammenfassung zum Thema helfen?»
Bemerkungen: Bei diesem Instrument geht es um die schnelle Übersicht. Darum sollten Diskussionen zu einzelnen Punkten tendenziell am Ende der Feedbackrunde angehängt werden und nicht zwischendrin.
Gruppengröße: klein bis groß
Geeigneter Zeitpunkt: jederzeit
Dauer: 5 Minuten
Arbeitsaufwand: gering
Vorteile: Der Aufwand ist sehr gering. Das Werkzeug bietet schnell einen Überblick und Informationen. Es ist ein praktisches Stimmungsbarometer.
Nachteile: Einzelne Personen kommen nicht zu Wort. Es kann sein, dass wichtige Informationen nicht zutage gefördert werden. Die Ergebnisse sind nicht direkt vergleichbar.
Quelle: allgemein bekannt
Passende Situationen: I, L2, L4, R, S

## Blitzlicht

Ablauf: Es geht um eine kurze Stimmungsabfrage. Dazu wird eine Frage gestellt und reihum kurz beantwortet. In der Regel stellt der Dozent die Frage und die Studenten geben die Antwort. Der Fragesteller kann sich Notizen machen und im Anschluss an die Feedbackrunde auf diese eingehen.
Bemerkungen: Fragen sollen kurz und klar formuliert sein, die Antworten auch. Wichtig ist, dass nicht diskutiert, sondern vorerst nur gesammelt wird. Am Ende der Übung kann zusammengefasst oder auch diskutiert werden. Jeder kommt dran, gewertet werden die Aussagen nicht.
Gruppengröße: klein bis mittel
Geeigneter Zeitpunkt: jederzeit
Dauer: 5–15 Minuten (kann mit anschließender Diskussion auch länger dauern)
Arbeitsaufwand: gering
Vorteile: geringer Aufwand, schnelle Information, gutes Stimmungsbarometer
Nachteile: Studenten können durch vorausgehendes Feedback beeinflusst werden (Gruppendynamik). Die Ergebnisse sind nicht direkt vergleichbar.
Quelle: allgemein bekannt
Passende Situationen: B, B2, C, G, I, K, L2, L4, O, P, R, T

## Blitzlicht, schriftliches

Ablauf: Die Teilnehmenden schreiben ihr Feedback zu einer gestellten Frage auf Karten und pinnen diese an eine Wand. Das so entstandene Feedback kann im Anschluss diskutiert werden.
Variante: Als Blitz-Blitz-Version wird ein Plakat mit einer Aussage und Bewertungsstufen aufgehängt. Zum Beispiel: «Ich habe meine zu Beginn formulierten Lernziele erreicht.» Die Bewertungsskala dazu ist: ++, +, –, – –. Beim Verlassen des Raums macht jeder einen Strich bei der gewünschten Bewertung. Das geht als Variante auch beim Betreten des Raums. Zum Beispiel: «Heute fühle ich mich ++, +, –, – –».
Bemerkungen: Zielgerichtet formulierte Fragen führen in der Regel zu

verwertbarem Feedback. Die Fragen sollen kurz sein, die Antworten auch.
Gruppengröße: mittel bis groß
Geeigneter Zeitpunkt: jederzeit
Dauer: 5 Minuten
Arbeitsaufwand: gering
Vorteile: Geringer Aufwand, schnelle Information, gutes Stimmungsbarometer. Im Vergleich zum Zeitaufwand ist die Ausbeute groß. Dieses Instrument eignet sich in der Variante mit den Strichen auch für große Gruppen.
Nachteile: Studenten können durch vorausgehendes Feedback beeinflusst werden (Gruppendynamik). Die Ergebnisse sind nicht direkt vergleichbar.
Quelle: allgemein bekannt
Passende Situationen: B, B2, C, G, I, L1, L4, L5, R, S

## Blitzlicht, sternförmiges

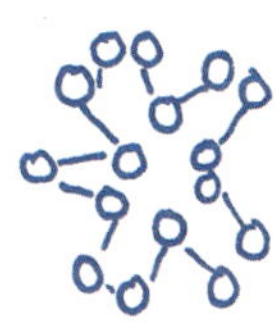

Ablauf: Ein Kreis wird gebildet. Die Person, die sich mit einem Feedback melden möchte, tritt einen Schritt in den Kreis und äußert sich. All jene, die der gleichen Meinung sind, treten auch einen Schritt nach vorne, es entsteht eine Art Stern.
Bemerkungen: Das Grundprinzip der kurzen Mitteilung funktioniert wie beim Blitzlicht, wird jedoch um eine optische Dimension erweitert. Gerade für etwas größere Gruppen ist es geeignet, weil das Repetieren von gleichem Feedback wegfällt.
Gruppengröße: mittel bis groß (bei kleinen Gruppen entsteht selten ein Stern, die Optik funktioniert nicht)
Geeigneter Zeitpunkt:jederzeit
Dauer: 5–10 Minuten
Arbeitsaufwand: gering
Vorteile: Geringer Aufwand, schnelle Information, geeignet für größere Gruppen. Das Feedback ist nicht nur sprachlicher Art, sondern zusätzlich sichtbar.
Nachteile: Teilnehmende können durch vorausgehendes Feedback beeinflusst werden (Gruppendynamik).

Quelle: Hardebrodt-Schwier, Elke: So geht's: Feedback geben. Düsseldorf: Neukirchen Verlagsgesellschaft, 2012, S. 70
Passende Situationen: B, B2, C, D, G, I, P, R, S

## Blitzlicht, Symbole

Ablauf: Eine Kiste mit typischen Symbolen wie Schlüssel, Herz, Glühbirne etc. wird in die Mitte gestellt. Die Teilnehmenden entscheiden sich für einen Gegenstand, um damit ihr Feedback zu verbildlichen. Zum Beispiel ein Schlüssel: «Die Schlüsselerkenntnis war für mich …»
Variante: Die Teilnehmenden begeben sich auf die Suche nach Gegenständen, um ihr Feedback zu visualisieren.
Bemerkungen: Die Suche «zwingt» zur Reflexion über das erfragte Feedback. Dieses Tool eignet sich gut, um weitere Varianten zu erstellen oder um Objekte zu einem bestimmten Thema einzusetzen (zum Beispiel Objekte aus Holz, wenn es um einen Holz-Workshop geht).
Gruppengröße: klein bis mittel
Geeigneter Zeitpunkt: jederzeit
Dauer: 5–10 Minuten (bei der Variante kommen 10 Minuten hinzu, um den Gegenstand zu suchen).
Arbeitsaufwand: gering
Vorteile: Visuelle Methode, die sich gut im Gedächtnis verankert. Teilnehmende werden stärker aktiviert, als wenn sie nur kurz ihre Meinung äußern müssen. Man kann sich an einem Gegenstand festhalten, wenn man spricht. Dies kann gerade zu Beginn, bei Unsicherheiten oder bei «riskanten» Feedbacks, hilfreich sein.
Nachteile: braucht etwas mehr Zeit als das klassische Blitzlicht.
Quelle: Hardebrodt-Schwier, Elke: So geht's: Feedback geben. Düsseldorf: Neukirchen Verlagsgesellschaft, 2012, S. 68
Passende Situationen: B, B2, G, I, R

## Brainstorming

Ablauf: Eine Frage wird in die Runde gegeben. Zum Beispiel: «Was hat mich beeindruckt?» oder: «Was hat mir Mühe bereitet?». Eine Person steht am Flipchart und notiert die zugerufenen Feedbacks.
Variante: Die Studierenden erhalten Post-its, auf die sie ihr Feedback schreiben und anschließend an eine Wand kleben können. In einem zweiten Schritt können alle bei den Feedbacks, die auch für sie gelten, Punkte hinzeichnen oder ankleben. Dies führt zu einer optischen Gewichtung. Sie kann als Grundlage für eine anschließende Diskussion dienen.
Bemerkungen: Wichtig ist, dass dieses Tool mündlich durchgeführt wird, denn ein Effekt dieser Methode ist es, dass das Feedback einer Person andere zu einem weiteren Feedback inspirieren kann.
Gruppengröße: klein
Geeigneter Zeitpunkt: jederzeit
Dauer: 10–15 Minuten
Arbeitsaufwand: gering
Vorteile: Schnelles Tool, bei dem durch vorausgehende Feedbacks Folgefeedbacks inspiriert werden können.
Nachteile: Eignet sich nur für kleine Gruppen. Tendenzen und Beeinflussungen durch die Gruppendynamik können auftreten.
Quelle: allgemein bekannt
Passende Situationen: B, B2, C, I, L2, O, P, Q, R, T

## Brief

Ablauf: Vor Beginn des Moduls schreibt die Dozentin einen Brief an die Teilnehmenden. Darin können die Teilnehmenden aufgefordert werden, ihre Person vorzustellen, es kann aber auch das Programm des Moduls vorgestellt werden, eine erste Aufgabe gestellt oder auch Fragen zu einem ersten Feedback formuliert werden. Die Teilnehmenden senden ihre Antworten an die Dozentin zurück.
Bemerkungen: Um einen möglichst hohen Rücklauf zu erzielen, muss das Beantworten der Fragen eine möglichst geringe Hürde darstellen. Geeignet sind zum Beispiel Antwortkarten mit verschiedenen vorgegebenen Antworten, die nur noch angekreuzt werden müssen, oder

der Möglichkeit, die Antwort mit einem kurzen E-Mail oder auf einer Webpage rückzumelden.
Der physisch verschickte Brief vermittelt in der heutigen E-Mail-lastigen Zeit einen Kontrast und vor allem eine hohe Wertigkeit. Wird der Brief als Einladung zum Mitmachen und nicht als «Muss» kommuniziert, ist die Chance für einen hohen Rücklauf besser.
Gruppengröße: klein bis groß
Geeigneter Zeitpunkt: vor (rechtzeitig, damit es genügend Zeit für Rücklauf, Auswertung und Integration des Feedbacks gibt)
Dauer: 5 Minuten zum Ausfüllen
Arbeitsaufwand: groß
Vorteile: Informationen können vorgängig eingeholt und direkt genutzt werden.
Nachteile: großer Arbeitsaufwand (Wenn die Vorlage mehrfach gebraucht wird, sinkt der Aufwand im Durchschnitt). Die Gefahr eines geringen Rücklaufs ist groß.
Quelle: Allgemein bekannt
Passende Situationen: A

# C

## Checkliste

Ablauf: Zu Beginn des Moduls verteilt der Dozent eine zuvor erstellte Checkliste. Mögliche Inhalte der Liste sind: Zusammenstellung von Fertigkeiten, die im Modul erlernt werden sollen, geplante Ausflüge, angestrebte Ziele. Der Dozent erklärt die einzelnen Punkte kurz und hat so auch gleich einen Überblick zum Modul geschaffen. Die Studierenden werden die Liste im Verlauf des Moduls immer wieder hervornehmen, abhaken, was erledigt ist, und gegen Ende hin offene Punkte ansprechen. Sie führen also selbstständig eine Lernzielkontrolle durch. Die Liste ist ein Tool zur Selbstkontrolle der Studierenden und wird nicht vom Dozenten eingesammelt.
Variante 1: Die Checkliste kann auch als «Gemeinschaftswerk» im Plenum erarbeitet werden. Dies macht nur Sinn, wenn die Inhalte nicht vollständig vorgegeben sind, denn was auf der Liste zusammengestellt ist, muss auch eingelöst werden.

Variante 2: Als gemeinsame Prüfungsvorbereitung wird im Plenum eine Liste zu Lerninhalten zusammengestellt. Der Dozent ergänzt oder korrigiert, wo nötig.
Bemerkungen: Wichtig ist, dass der Dozent alle Punkte auf der Liste einlöst. Wenn unklar ist, ob das möglich ist, muss dies zu Beginn klar kommuniziert und auf der Liste sichtbar markiert sein. Die Checkliste soll nicht als Auswahlmenü, sondern als klare Vorgabe verstanden werden.
Gruppengröße: klein bis sehr groß
Geeigneter Zeitpunkt: zu Beginn, fortlaufend, zur Prüfungsvorbereitung
Dauer: 5–15 Minuten Einführung, danach jeweils 2–5 Minuten Nachführen und Kontrolle
Arbeitsaufwand: mittel
Vorteile: Die Liste hat eine Mehrfachfunktion; sie dient als Katalog, der darüber informiert, welche Inhalte zu erwarten sind, als fortlaufende Lernzielkontrolle und kann zum Schluss für eine Rückblende vor dem summativen Feedback hilfreich sein.
Nachteile: Gefahr, dass das Tool von den Studierenden nicht genutzt wird.
Quelle: die Autorin
Passende Situationen: B, B2, E, F, G, H1, K, N, O, U

# D

## Diskussionsrunde

Ablauf: Die Gruppe setzt sich in einem Kreis zusammen und diskutiert ein zuvor festgelegtes Thema. In der Diskussionsgruppe sind alle gleichberechtigt, es gibt jedoch eine oder zwei Personen, die einen zusätzlichen Auftrag haben. Ein Teilnehmer übernimmt die Funktion des Moderators. Dieser erläutert zu Beginn, um was es im Folgenden geht. In der Diskussion stellt er sicher, dass alle zu Wort kommen, und interveniert, wenn einzelne Teilnehmer lange Monologe halten wollen. Auch der Schlusspunkt sowie eine kurze Zusammenfassung der Diskussion gehören zur Aufgabe des Moderators. Je nach Thema oder Situation macht es Sinn, dass eine weitere Person ein Protokoll führt.
Bemerkungen: Der Kreis als Sitzanordnung bietet sich an, weil er Gleich-

berechtigung signalisiert. Wichtig ist, dass jeweils nur eine Person redet. Ein Gegenstand als «Mikrofon», z. B. ein Stab, hilft klarzustellen, wer dran ist. Damit gutes Feedback entstehen kann, müssen die Teilnehmenden darauf vertrauen können, dass sie für Rückmeldungen nicht abgestraft werden.
Die Rolle des Moderators stellt eine gute Übung für die Kommunikationsfertigkeit der Studierenden dar. Sie kann hier in einem wohlwollenden Umfeld geübt werden.
Gruppengröße: klein bis mittel
Geeigneter Zeitpunkt: jederzeit
Dauer: 20–30 Minuten
Arbeitsaufwand: gering
Vorteile: Feedback wird erklärt, es kann nachgefragt werden und es wird in verschiedenen Meinungsfacetten dargestellt. Dadurch ist es möglich zu Informationen zu kommen, die schriftlich nicht kommuniziert würden.
Nachteile: Diskussionsrunden neigen dazu, Positives wie auch Negatives verstärkt hervorzuheben. Die Diskussion kann in die eine oder andere Richtung «kippen». Auch können Voten von anderen beeinflusst werden. Mitunter trauen sich einzelne Personen nicht, ein Votum abzugeben.
Quelle: allgemein bekannt
Passende Situationen: C, F, M, P, R, T

## 3D-Feedback

Ablauf: Eine Feedbackfrage wird in die Runde gegeben. Zum Beispiel: «Welcher Themenblock (A, B, C oder D) hat Sie am meisten inspiriert?». In diesem Beispiel stehen vier Gläser bereit; also je eines für die Themenblöcke A–D. Um die Feedbackfrage zu beantworten, erhalten die Studierenden Steine oder Jetons, welche sie in das von ihnen gewählte Glas legen. Das optische Feedback ist dann schnell ablesbar; das vollste Gefäß steht in diesem Fall für den inspirierendsten Themenblock.
Ein anderes Beispiel: Für die gemeinsame Vorbereitung auf die Semesterprüfung werden Gläser aufgestellt, die mit Themen beschriftet sind, die sich auf den Prüfungsstoff beziehen. Nun können die Studierenden in alle «Themengläser» einen Stein hineinlegen, bei denen sie glauben, dass sie

noch Defizite haben. Das am «dringendsten» zu lernende Thema wird so schnell sichtbar.
Variante: Kann auch als Auswahlverfahren genutzt werden. Zum Beispiel: «Welche Ausstellung möchten Sie innerhalb dieses Moduls noch besuchen?» Das vollste Gefäß steht für die Ausstellung, die besucht werden soll.
Bemerkungen: Dieses Instrument eignet sich für eine schnelle Abfrage bei einer großen Gruppe und lässt sich gut mit anderen Feedbackwerkzeugen kombinieren. Es ist als visueller Impuls und nicht als detailliertes Feedback gedacht.
Gruppengröße: mittel bis groß
Geeigneter Zeitpunkt: zwischendurch oder zum Abschluss einer Einheit
Dauer: 5 Minuten
Arbeitsaufwand: gering
Vorteile: Schnelles, visuell gut erfassbares Werkzeug, das die Studierenden aktiviert. Es kann auch für sehr große Gruppen genutzt werden.
Nachteile: Eine gewisse Gruppengröße ist nötig, damit das Feedback optisch funktioniert.
Quelle: die Autorin
Passende Situationen: I, L1, L4, Q, R, S, T

# E

## E-Mail

Ablauf: Vor Beginn des Moduls schreibt die Dozentin eine E-Mail an die Teilnehmenden. Darin können ein kurzes Vorstellen der Dozentin selbst, ein Abriss über das Programms, welches sie unterrichten wird, sowie eine erste Aufgabe oder auch Fragen zu einem ersten Feedback formuliert sein. Der Empfänger gibt die Antworten/gelösten Aufgaben an die Dozentin zurück.
Bemerkungen: Um einen möglichst hohen Rücklauf zu erzielen, muss das Beantworten der Fragen einfach und unkompliziert sein.
Gruppengröße: klein bis groß
Geeigneter Zeitpunkt: vor einem Modul (und zwar frühzeitig, sodass genügend Zeit für den Rücklauf, die Auswertung und Implementation des Feedbacks bleibt)

Dauer: 5 Minuten
Arbeitsaufwand: groß
Vorteile: Informationen können im Vorfeld eingeholt und direkt für den Unterricht genutzt werden.
Nachteile: Bei der E-Mail-Flut, unter der die meisten leiden, kann die Mail leicht untergehen oder auch einfach nicht beantwortet werden. Die Gefahr eines geringen Rücklaufs ist groß. Der Arbeitsaufwand ist relativ groß.
Quelle: allgemein bekannt
Passende Situationen: A

## Erwartungsinventar

Ablauf: Im Rahmen einer Einführungsrunde werden Fragen gestellt. Zum Beispiel: «Welche Erwartungen haben Sie an den Kurs?», «Warum sind Sie heute hier?», «Wie möchten Sie sich einbringen?». Die Teilnehmenden machen sich Notizen zu den gestellten Fragen. Anschließend sucht sich jeder einen Partner zum Austauschen aus. Alternativ können auch Kleingruppen gebildet werden. Kernaussagen aus diesem Austausch werden von den Teilnehmenden auf Karten schriftlich festgehalten und für alle sichtbar aufgehängt. Falls möglich, bleiben die Karten während des ganzen Kurses hängen. So können Dozierende und Teilnehmende im Verlauf des Kurses immer wieder darauf eingehen und auch Veränderungen von Erwartungen beobachten.
Variante: In einer kleinen Gruppe kann das Erwartungsinventar mündlich direkt im Plenum erfolgen. Auch hier werden die Kernantworten auf Karten notiert und diese anschließend aufgehängt.
Bemerkungen: Bei dieser Feedbackvariante geht es darum, Erwartungen wahrnehmen und mitteilen zu können. Es ist wichtig, am Anfang mitzuteilen, dass es keine Wertung der Feedbacks gibt. Auch soll darauf hingewiesen werden, dass es wohl nie möglich ist, alle Erwartungen zu erfüllen. Werden viele unterschiedliche Erwartungen aufgeschrieben, kann in der Gruppe entschieden werden, wo die Schwerpunkte liegen sollen und welche Erwartungen eher zurückzustufen sind.
Gruppengröße: klein bis groß

Geeigneter Zeitpunkt: zu Beginn
Dauer: 10–20 Minuten
Arbeitsaufwand: gering
Vorteile: Der Dozent ist gut orientiert darüber, was erwartet wird. Die Studierenden können sich aktiv einbringen und fühlen sich als Teil der Gruppe.
Nachteile: Der Dozierende steht unter dem Druck, Erwartungen zu erfüllen. Werden diese nicht erfüllt, kann dies zu einem verstärkt negativen Bild führen.
Quelle: Knoll, Jörg: Kurs- und Seminarmethoden. Weinheim, Basel, Berlin: Belz Verlag, 2003, S. 117
Passende Situationen: B, C, D, N

## Evaluationsbogen

Ablauf: Ein vorgedruckter Fragebogen mit Fragen zu Unterricht, Inhalt, Gruppe etc. wird verteilt. Die Studierenden füllen diesen vor Ort aus und geben ihn ab. So wird ein hoher Rücklauf erzielt. Die Daten können für direktes Feedback, als Entwicklungsgrundlage oder zum Erstellen von Statistiken verwendet werden.
Bemerkungen: Der Fragebogen sollte mit wenig Zeitaufwand auszufüllen sein. Er ist übersichtlich gestaltet und umfasst nicht mehr Fragen, als auf einer A4-Seite Platz haben. Sollen die Antworten in einem klar gesteckten Rahmen ausfallen, empfehlen sich Kästchen zum Ankreuzen. Sollen die Antworten mehr Freiheit bieten, steht jeweils eine Linie für Stichworte zur Verfügung. Zwei Drittel zum Ankreuzen, ein Drittel zum Beschreiben ist ein guter Mix.
Gruppengröße: klein bis sehr groß
Geeigneter Zeitpunkt: zum Abschluss, (in der Mitte des Semesters)
Dauer: 5–10 Minuten zum Ausfüllen
Arbeitsaufwand: mittel bis groß
Vorteile: Gut bei sehr großen Gruppen einsetzbar. Bietet vergleichbare Ergebnisse.
Nachteile: großer Aufwand
Quelle: allgemein bekannt. Auch bei: Waldherr, Franz; Walter, Claudia:

Didaktisch und praktisch. Stuttgart: Schäffer-Poeschel Verlag, 2014, S. 79
Passende Situationen: G, H2, L1, L2, L5, S

### Evaluation Zwischenstand

Ablauf: Folgende vier Fragen werden auf je einem Plakat notiert und im Raum aufgehängt: «Ziele erreicht?», «Was lief gut?», «Was nicht?» und «Änderungsvorschläge?». Die Teilnehmenden zirkulieren und schreiben zu allen Fragen ihr Feedback auf. Für das Ausfüllen empfiehlt es sich, 15 Minuten Pause zu machen und die Teilnehmenden aufzufordern, innerhalb dieser Zeit 5 Minuten einzusetzen, um die eigenen Statements zu notieren. Eine gemeinsame Diskussion findet nach der Pause statt.
Bemerkungen: Damit ein breiter Rücklauf erzielt wird, ist es nützlich, die Gruppe anzuleiten; zum Beispiel mit einer Zusammenfassung von dem, was bisher im Unterricht bereits geschehen ist.
Gruppengröße: klein bis mittel
Geeigneter Zeitpunkt: Zwischenstand
Dauer: 15 Minuten
Arbeitsaufwand: gering
Vorteile: Geringer Aufwand für viel Information. Dieses Werkzeug funktioniert auch mit etwas größeren Gruppen. Die Feedbacks sind anschließend für alle sichtbar, vergleichbar und gut diskutierbar. So entsteht eine gute Grundlage, um Interventionen zu entwickeln. Das Tool kann als anonyme Rückmeldung gestaltet werden und erlaubt so auch unsicheren Personen, ihre Meinung kundzutun.
Nachteile: Bereits schriftlich festgehaltene Meinungen können die Teilnehmenden beeinflussen.
Quelle: die Autorin
Passende Situationen: G, Q, T, U

## F

### Findet mich das Glück?

Ablauf: Die Studierenden stellen sich zu einem Thema Fragen. Zum Beispiel: «Welche Fragen sind in Bezug auf den Kurs noch offen?». Die

Fragen werden auf Post-its geschrieben und aufgeklebt. In der nächsten Phase zirkulieren die Teilnehmenden und versuchen, bei möglichst vielen Fragen eine Antwort hinzuschreiben. Anschließend gibt es eine kurze Runde, bei der der Autor einer Frage jeweils sagt, ob er der Auffassung sei, dass seine Frage beantwortet worden ist. Die nicht oder nicht genügend beantworteten Fragen werden anschließend zur Seite gelegt und in einem nächsten Schritt im Plenum besprochen.
Variante 1: Um zu Beginn einer Veranstaltung Raum und Zeit zu schaffen, kann dieses Werkzeug als Einstieg in ein Modul, Kurs etc. verwendet werden. In diesem Falle werden Fragen zum Modul, zum Thema des Kurses etc. aufgeschrieben. Anschließend versuchen die Studierenden Antworten zu geben, was mitunter zu sehr spannenden Einstiegssequenzen führen kann.
Variante 2: Als Prüfungsvorbereitung können offene Fragen gestellt werden. Alternativ können Studierenden selber Prüfungsfragen kreieren, die dann von den Mitstudierenden beantwortet werden sollen. Die Studierenden erhalten so ein Feedback zum Stand ihres Wissens.
Bemerkungen: Ein spielerisches Tool, das in vielen Varianten genutzt werden kann.
Gruppengröße: klein bis mittel
Geeigneter Zeitpunkt: zwischendurch, zur Prüfungsvorbereitung, zum Einstieg, zur Repetition
Dauer: 15–60 Minuten
Arbeitsaufwand: Vor- und Nachbereitung gering, Durchführung mittel bis groß
Vorteile: Die Studierenden werden geistig und körperlich aktiviert. Die Reflexion ist für die Lehrperson wie auch für die Studierenden interessant. Auf eine spielerische Art werden die Studierenden angeregt und zeigen gleichzeitig, ob der gelehrte Stoff verstanden worden ist.
Nachteile: Die Methode eignet sich nicht, wenn die Zeit sehr knapp ist. Die Dozentin muss darauf vorbereitet sein, dass Fragen gestellt werden, die nicht direkt mit dem bereits behandelten Unterrichtsstoff zu tun haben, sondern zu einem späteren Zeitpunkt behandelt werden würden.
Quelle: Autorin, inspiriert durch Fischli, Peter; Weiss, David: Findet mich das Glück? Köln: Walther König Verlag, 2003
Passende Situationen: B, B2, D, J1, P

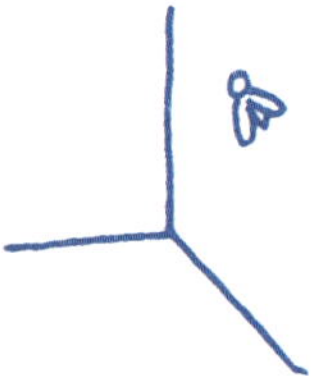

## Fliege an der Wand

Ablauf: Ein Außenstehender (Dozent, Coach, Leiter …) nimmt am Unterricht teil. Er wird den Studierenden kurz vorgestellt. Seine Aufgabe ist es, den Unterricht zu beobachten, um dem Dozierenden zu einem späteren Zeitpunkt dazu Feedback zu geben. Im Vorfeld können Dozentin und Außenstehender einen Katalog erstellen, der Anhaltspunkte darüber gibt, zu welchen Themen Feedback erwünscht ist.
Bemerkungen: Im Vorfeld sollte besprochen werden, was das Ziel des Feedbacks ist. Die beisitzende Person sollte wie «die Fliege an der Wand» während der Lektion möglichst nicht beachtet werden.
Gruppengröße: Jede Gruppengröße ist möglich.
Geeigneter Zeitpunkt: jederzeit
Dauer: ein bis mehrere Lektionen
Arbeitsaufwand: mittel
Vorteile: Eine außenstehende Person hat einen anderen Blickwinkel. Mit dieser Außenansicht können «blinde Flecken» aufgedeckt und thematisiert werden. Eine neue Perspektive liefert in der Regel neue Einsichten.
Nachteile: Der Aufwand ist eher groß, da eine zusätzliche Person benötigt wird. Die Situation kann Unsicherheit hervorrufen oder als unangenehm empfunden werden.
Quelle: allgemein bekannt, Benennung des Tools durch die Autorin
Passende Situationen: H2, V

## Forum

Ablauf: Die Studenten treffen sich in regelmäßigen Abständen außerhalb des Unterrichts zu einem Meinungsaustausch. Die zu besprechenden Themen werden von den Studenten selber definiert. Das Forum besitzt eine im Vorfeld bestimmte Leitung, bestehend aus Studierenden. Je nach Thematik werden weitere Personen, wie Dozenten, Leitung etc., zur Diskussionsrunde eingeladen. Gemeinsam wird versucht, umsetzbare Lösungen zu Problemen zu finden. Vorschläge werden erarbeitet.
Bemerkungen: Das Forum ist ein Studenteninstrument. Feedback wird selbstständig und ohne Aufsicht gesammelt und diskutiert. Die Essenz daraus wird an die zuständige Stelle weitergeleitet.

Gruppengröße: mittel bis sehr groß
Geeigneter Zeitpunkt: in regelmäßigen Abständen zu vorab bekannten Zeitpunkten
Dauer: 30 Minuten
Arbeitsaufwand: mittel
Vorteile: Die Studenten tragen Verantwortung für ihre Belange.
Nachteile: Aufwand. Das Forum muss organisiert, durchgeführt und die Umsetzung der Ergebnisse verfolgt werden.
Quelle: allgemein bekannt, kennengelernt bei: FHNW HDK Institut Industrial Design, 2002
Passende Situationen: Q, V

## Fragebogen

Siehe Bewertungsbogen

## Fünf-Finger-Feedback

Ablauf: Die Lernenden geben mithilfe von Fingerzeichen Rückmeldungen zur Veranstaltung. Die Fingerzeichen sind wie folgt: (1) Daumen hoch: Das fand ich super: (2) Zeigefinger hoch: Zu diesen Zielen bin ich gekommen; (3) Mittelfinger hoch: Das mag ich nicht/das mochte ich nicht; (4) Ringfinger hoch: So ist es mir ergangen; (5) Kleiner Finger hoch: Das kam mir zu kurz.
Das Feedback kann auf einem passend vorbereiteten Arbeitsblatt, zum Beispiel mit einer gezeichneten Hand, und den fünf Rückmeldungsfragen, ausgefüllt oder mündlich zugerufen werden. Die Antworten können eingezogen oder direkt besprochen werden.
Bemerkungen: Die Hand als Leitbild macht dieses Feedback zu einem gut erfassbaren Werkzeug.
Gruppengröße: klein bis groß (je nach Größe ist mündliches, gemeinsam schriftliches oder auf einem Formular schriftliches Feedback passender)
Geeigneter Zeitpunkt: am Schluss
Dauer: 10 Minuten

Arbeitsaufwand: Erstellen der Vorlage gering, Auswertung mittel bis groß (je nach Gruppengröße)
Vorteile: Die fünf Fragen sind visuell erfassbar und zeigen die allgemeine Meinung zum Modul gut auf.
Nachteile: Auswertung kann aufwendig sein. Gewisse detaillierte Fragen sind in dieser fixen Struktur nicht möglich.
Quelle: Brinker, Tobina; Schumacher, Eva-Maria: Befähigen statt belehren. Bern: hep Verlag, 2014, S. 153
Passende Situationen: H1, L2, L3, L5

## G

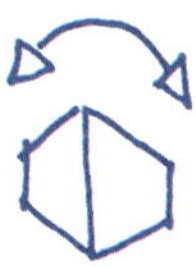

### Gedrehte Erwartung

Ablauf: Es werden Fragen mit Bezug auf die Erwartungen der Studierenden gestellt. Beispiel: «Was macht für Sie einen guten Dozenten, eine gute Dozentin aus?» Zugerufene Beiträge werden auf einem Flipchart erfasst. Nun wird die Perspektive gewechselt: Der Dozent/die Dozentin sagt, welche der genannten Beiträge für ihn oder sie einen guten Studenten, eine gute Studentin ausmachen. Anschließend werden die Kernpunkte diskutiert.
Bemerkungen: Dieses Instrument dient zur Verdeutlichung des gemeinsamen Lernprozesses. Der Austausch fördert Transparenz und erzeugt Motivation. Der Dozent/die Dozentin muss mit unerwarteten Antworten umgehen können.
Gruppengröße: klein bis groß
Geeigneter Zeitpunkt: Einstieg
Dauer: 15–40 Minuten
Arbeitsaufwand: gering
Vorteile: Gemeinsames Erarbeiten und gegenseitiges Erkennen von Erwartungen oder sogar gleichen Erwartungen.
Nachteile: Dieser Prozess braucht etwas Zeit und engagierte Studierende.
Quelle: Schumacher, Eva-Maria: Schwierige Situationen in der Lehre. Farmington Hills: Verlag Barbara Budrich, 2011, S. 54
Passende Situationen: B, C, M, Q

## Gegenstand findet mich

Ablauf: Jeder Teilnehmer sucht sich im Verlauf von zehn Minuten einen Gegenstand, der ihm zu einem vorab definierten Thema etwas sagt. Der Dreh ist nicht zu sagen «Suchen Sie …», sondern: «Lassen Sie sich von einem Gegenstand zu diesem Thema finden» Zum Beispiel: «Lassen sie sich von einen Gegenstand finden, der zeigt, was Sie gelernt haben » (oder: «… noch lernen möchten.»). Den Blickwinkel zu ändern und sich von einem Gegenstand finden zu lassen, ist ungewohnt. Dieser Perspektivenwechsel kann zu ganz neuen Ideen führen. Natürlich kann das Tool auch ohne diesen Dreh verwendet werden. Anschließend teilt jeder Teilnehmer mit, warum er gerade von diesem Gegenstand gefunden worden ist.
Variante: Gegenstände zur Auswahl mitbringen oder mit Bildkarteien/Postkarten arbeiten (siehe auch: «Postkarten-Feedback»)
Bemerkungen: Bei «ungeübten» Teilnehmern unbedingt ein paar Beispiele machen oder zumindest nachfragen, ob sie sich bei der Aufgabe etwas vorstellen können.
Gruppengröße: klein bis mittel
Geeigneter Zeitpunkt: jederzeit
Dauer: 15 Minuten
Arbeitsaufwand: klein
Vorteile: Visuelle Methode, die sich gut im Gedächtnis verankert. Teilnehmer werden stärker aktiviert, als wenn sie nur kurz eine Meinung äußern müssen. Der Einzelne kann sich an einem Gegenstand festhalten, wenn er spricht. Dies kann gerade zu Beginn, bei Unsicherheiten oder «riskanten» Statements, hilfreich sein.
Nachteile: braucht etwas mehr Zeit als das klassische Blitzlicht
Quelle: Sachsenmeier, Ingeborg (Hrsg.): Workshops, Seminare und Besprechungen. Weinheim und Basel: Beltz Verlag, 2009, S. 183
Passende Situationen: B, D

## Gratisinfo

Ablauf: Das Beobachten des Unterrichts und Festhalten der daraus entstehenden Information sind die Grundlage für dieses Werkzeug. Die Dozentin setzt sich zum Ziel, nach jeder Lektion drei Beobachtungen festzuhalten – stichwortartig oder in kurzen Sätzen. Am Ende des Moduls werden diese Punkte zu einer Gesamtreflexion zusammengestellt und ausgewertet.
Variante: Die Studierenden werden angeleitet, dieses Werkzeug für ihre Zwecke zu nutzen.
Bemerkungen: Genauso wie Studierende dazu angehalten werden, Lerntagebücher zu führen, sollten auch Lehrende dieses Tool nutzen, um ihre Arbeit zu reflektieren und daraus zu lernen; (also ganz der Prämisse Hatties – «Die besten Lehrer sind selber Lernende» – folgend).
Gruppengröße: 1
Geeigneter Zeitpunkt: Das Modul begleitend, nach jeder Einheit
Dauer: jeweils 5 Minuten, Zusammenfassung am Ende 30–60 Minuten
Arbeitsaufwand: mittel
Vorteile: Information zum Unterricht ist immer vorhanden, sie muss nur beobachtet und genutzt werden – darum der Name «Gratisinfo». Durch die fortlaufende Reflexion und das Festhalten derselben entsteht eine gründlichere Auswertung des Unterrichts, als wenn lediglich am Schluss eines Semesters zurückgeschaut wird.
Nachteile: zusätzlicher Arbeitsaufwand
Quelle: die Autorin
Passende Situationen: F, H1, H2

## Gruppenbrief

Ablauf: Mehrere parallele Arbeitsgruppen erhalten nach einem Auftrag oder einer Sequenz eine Briefvorlage zum Ausfüllen. Inhalt dieser Vorlage könnte sein:
Wir sind __ Personen, die diese Aufgabe bearbeitet haben. Davon fanden __ die Aufgabe schwer, __ mittel, __ leicht. Der schwierigste Punkt war für uns folgender: __. Sonstige Mitteilungen __.
Der ausgefüllte Brief wird abgegeben und von der Dozentin ausgewertet.

Zu einem späteren Zeitpunkt gibt sie ein Feedback dazu an die Gruppe zurück. Bei großen Gruppen wird mit diesem Werkzeug das Feedback stark komprimiert.
Bemerkungen: Der Brief sollte als gut überschaubare Vorlage gestaltet sein, damit das Ausfüllen nicht lange dauert und die Feedbackinformationen anschließend schnell abgelesen werden können.
Gruppengröße: große (z. B. 20 = 4 x 5 Teilnehmende) bis sehr große Gruppe (z. B. 100 = 10 x 10 Teilnehmende), in mehrere Kleingruppen aufgeteilt
Geeigneter Zeitpunkt: nach einer Teilaufgabe oder Gruppenarbeit
Dauer: 5–15 Minuten
Arbeitsaufwand: mittel
Vorteile: Es findet eine erste Bündelung von Informationen statt. Bei 60 Studierenden müssen nicht 60 einzelne Briefe gelesen werden, sondern zum Beispiel nur 6 Briefe.
Nachteile: Einzelne Meinungen in der Gruppe können beeinflusst werden, Information kann verloren gehen.
Quelle: Waldherr, Franz; Walter Claudia: didaktisch und praktisch. Stuttgart: Schäffer-Poeschel Verlag, 2014, S. 78
Passende Situationen: F, G, H1, N, U

## Gruppe als Papier

Ablauf: Jeder Student, jede Studentin erhält ein Papier und gestaltet dieses passend zum Feedback, das er oder sie geben möchte. Zum Beispiel: «Wie war das letzte Thema?». Das Papier kann bemalt, zerrissen, zusammengeklebt, gefaltet etc. werden. Beispiele: Ich fand das Thema langweilig: das Papier belasse ich genau so, wie es ist. Ich fand es unbequem: Das Papier forme ich zu einem Spitz. Es hat mir Spaß gemacht: Ich male eine Blume drauf. Anschließend wird eine «Ausstellung» mit den Papierobjekten gemacht. Jede Person sagt stichwortartig, was mit dem Papier gemacht wurde und warum.
Bemerkungen: Ein eher spielerischer Ansatz, um ein Thema zu reflektieren und darzustellen. In der Gruppe können dadurch interessante Diskussionen entstehen. Das Material kann passend zu einem Thema variiert werden.

Gruppengröße: klein bis mittel
Geeigneter Zeitpunkt: prozessbegleitend, am Ende
Dauer: 5–15 Minuten gestalten, 15–20 Minuten Diskussion in der Ausstellung
Arbeitsaufwand: Vorbereitung gering, Durchführung mittel
Vorteile: visueller, spielerischer Ansatz, mal etwas anderes
Nachteile: Braucht etwas mehr Zeit. Gewisse Feedbacks sind schwer darzustellen.
Quelle: Hardebrodt-Schwier, Elke: So geht's: Feedback geben. Düsseldorf: Neukirchen Verlagsgesellschaft, 2012, S. 70/durch Autorin erweitert
Passende Situationen: H1, I, L2, N, P, R

## I

### Impulssätze

Ablauf: Der Dozent schreibt Impulssätze an die Wandtafel. Beispiele: «Ein Nachteil dieser Methode war …», «In Erinnerung geblieben ist mir …», «Das hätte ich mir noch gewünscht …». Nun beenden die Studierenden die angefangenen Sätze. Das kann mündlich oder schriftlich erfolgen. Bei der schriftlichen Version können die Antworten mittels Karten, die zu den jeweiligen Impulssätzen gehängt werden, erfolgen. Anschließend werden die Antworten vorgestellt und eventuell weiter diskutiert.
Variante: Das Instrument wird für Zusammenfassungen eingesetzt. Ein Impulssatz könnte dann lauten: «Im letzten Semester habe ich zum Thema X Folgendes gelernt …»
Bemerkungen: Die angefangenen Sätze geben Impulse, die Ideen für Feedbacks liefern.
Gruppengröße: klein bis mittel
Geeigneter Zeitpunkt: prozessbegleitend und gegen das Ende der Veranstaltung/des Moduls
Dauer: 10–20 Minuten
Arbeitsaufwand: gering
Vorteile: Mit den angefangenen Sätzen lässt sich sehr gut steuern, wozu Feedback gegeben wird.

Nachteile: Eignet sich nicht für große Gruppen (bei großen Gruppen kommen nicht alle zu Wort).
Quelle: Brinker, Tobina; Schumacher, Eva-Maria: Befähigen statt belehren. Neue Lehr- und Lernkultur an Hochschulen. Bern: hep Verlag, 2014, Methodenkarte 21
Passende Situationen: B2, F, G, H1, I, L2, L3, N, P, R, T

## Intervention aus Feedback erarbeiten

Ablauf: Ein im Vorfeld eingeholtes Feedback hat einen Mangel oder ein Problem aufgedeckt (z. B.: Die Projektpräsentationen wurden als zu lang empfunden). Gemeinsam erarbeitet die Gruppe nun die Grundlage für eine Lösung beziehungsweise eine Intervention. Dazu werden Kleingruppen gebildet. Jede Gruppe entwickelt ihre Intervention. Bei vier Kleingruppen entstehen so z. B. vier Ansätze. Die Kleingruppen stellen sich gegenseitig ihre Lösungen vor. Diese können weiter diskutiert oder ausgearbeitet werden.
Bemerkungen: Das Erarbeiten von Lösungsansätzen durch die Studierenden hat den positiven Effekt, dass sie sich mit der Problematik auseinandersetzen und sich für die Lösungsfindung einsetzen.
Gruppengröße: mittel bis groß
Geeigneter Zeitpunkt: jederzeit zur Problemlösung
Dauer: 10–20 Minuten in der Kleingruppe, 10 Minuten Lösungen vorstellen, 20–30 Minuten Diskussion
Arbeitsaufwand: mittel bis groß
Vorteile: Die Gemeinschaft und Loyalität wie auch die Selbstverantwortung in der Gruppe werden mit dieser Methode gefördert.
Nachteile: Es kann sein, dass keine umsetzbare Lösung entsteht. Die daraus resultierende Enttäuschung muss durch die Dozentin aufgefangen werden können. Auch sollte die Dozentin bereit sein, sich auf neue Lösungen einzulassen. Wenn vom Erarbeiteten nichts umgesetzt wird, ist das frustrierend und wirkt sich negativ aus.
Quelle: die Autorin
Passende Situationen: C, M, N, Q

# K

## Kaffee trinken

Ablauf: Kommt wieder einmal die Hälfte der Studierenden zu spät zum Unterricht? Und zwar auch dann, wenn ausdrücklich um Pünktlichkeit gebeten worden ist? Dann bestrafen Sie doch bitte nicht die Pünktlichen, sondern belohnen Sie sie: Gehen Sie gemeinsam mit ihnen einen Kaffee trinken. Hinterlassen Sie, jenen, die zu spät kommen, keine Nachricht, der sie entnehmen können, wo Sie sind und wann Sie zurückkommen.
Bemerkungen: Fehlt ein großer Teil der Studierenden, thematisiert dies der Dozent in der Regel relativ missmutig. Anwesend sind aber immer nur die Pünktlichen. Das Feedback geht daher an die Falschen. Jene, die da sind, verdienen nicht eine Standpauke, sondern eine Belohnung.
Gruppengröße: klein
Geeigneter Zeitpunkt: zu Beginn der Einheit
Arbeitsaufwand: klein (plus die Kosten des Kaffees)
Vor- und Nachteile: Die Anwesenden erfahren Wertschätzung für ihr Verhalten. Sie werden sich auch in Zukunft anstrengen, pünktlich zu sein. Die Zurückgebliebenen können trotzig reagieren und auch in Zukunft nicht pünktlich erscheinen. Das Thema muss abschließend mit Humor gemeinsam besprochen werden. Bei beiden Seiten ist nachzufragen, wie es sich angefühlt hat.
Quelle: die Autorin
Passende Situationen: M

## Knoten mit Inhalt

Ablauf: Zu Beginn eines Moduls erhält jeder Teilnehmer ein Stück Schnur und farbige, gelochte Karten. Jedes Mal, wenn er etwas lernt, das er auf keinen Fall vergessen möchte, notiert er es auf eine Karte und zieht es auf die Schnur auf. Diese ist am unteren Ende zugeknotet, damit die Karten nicht durchrutschen. Am Ende des Seminars wird die Schnur oben zugeknotet. So, wie man sich früher einen Knoten ins Taschentuch gemacht hat, um etwas nicht zu vergessen, hat man nun eine Schnur mit Erinnerungsstücken, die nicht vergessen werden sollen.

Variante: In Kleingruppen können die Schnüre als Prüfungsvorbereitung ausgetauscht werden.
Bemerkungen: Diese Methode eignet sich als Reflexionshilfe, ähnlich einem Logbuch. Die farbigen Streifen haben eine starke optische Wirkung, gerade, wenn bei anderen Anwesenden schon viele Streifen aufgefädelt sind, gibt man sich noch mehr Mühe, Dinge festzuhalten. Es entsteht eine Art Gruppendynamik.
Gruppengröße: klein bis groß
Geeigneter Zeitpunkt: prozessbegleitend
Dauer: ca. 1 Minute pro Streifen
Arbeitsaufwand: gering
Vorteile: Die fortlaufende Auseinandersetzung mit der Frage «Was ist für mich wichtig?» hat einen intensivierenden Effekt auf das Lernen. Zum Schluss entsteht eine Zusammenfassung der Kernpunkte – ideal, wenn es darum geht, sich auf eine Prüfung vorzubereiten.
Nachteile: Der Dozent hat keine Kontrolle, was aufgeschrieben wird und ob es korrekt ist. Motivierte Studierende werden von der Methode mehr profitieren als unmotivierte oder überforderte.
Quelle: Sachsenmeier, Ingeborg (Hrsg.): Workshops, Seminare und Besprechungen. Weinheim und Basel: Beltz Verlag, 2009, S. 220
Passende Situationen: F, H1, J1, O

## Kognitive Landkarte

Ablauf: Gemeinsam wird eine kognitive Landkarte in Form eines Mindmaps erstellt. Beispiel: In der Mitte einer Pinnwand wird eine Karte mit dem Namen des Moduls angebracht. Außen herum werden die einzelnen Stationen des Semesters aufgeschrieben (Ausflüge, Lektionen zu Themen, Zwischenprüfungen etc.). Einzelne Themen können weiter verfeinert werden. Zum Beispiel kann der Ausflug mit Reise, Führung, Verpflegung etc. ergänzt werden. Nun erstellen die Studierenden Kärtchen mit Fakten zu den angepinnten Punkten und hängen diese dazu. Im Anschluss kann über die fertige Landkarte diskutiert werden. Sie kann auch als Basis für eine summative Feedbackabfrage (z. B. Evaluationsbogen) dienen.
Bemerkungen: Bei der Landkarte sollten keine Statements wie «Fand ich

gut/schlecht.» angebracht werden, sondern beschreibende Fakten. Zum Beispiel: «Die Dozentin war 30 Minuten zu spät.», «Das Thema kannte ich schon.», «Die Gruppenarbeit war ein Erfolg.»
Mit der kognitiven Landkarte können Zusammenhänge erfasst und Zusammenfassungen erstellt werden.
Gruppengröße: klein bis mittel
Geeigneter Zeitpunkt: am Schluss
Dauer: 10–60 Minuten
Arbeitsaufwand: gering
Vorteile: Die Gruppe hilft und inspiriert sich gegenseitig. Ideal als Vorbereitung zu einem das Semester abschließenden Feedback. Mit der Landkarte werden sich die Studierenden besser erinnern können.
Nachteile: Die Methode braucht etwas Platz. Manchmal entstehen Zusammenhänge, die längere Diskussionen nach sich ziehen.
Quelle: Brinker, Tobina; Schumacher, Eva-Maria: Befähigen statt belehren. Neue Lehr- und Lernkultur an Hochschulen. Bern: hep Verlag, 2014, Methodenkarte 22
Passende Situationen: K, L2, T

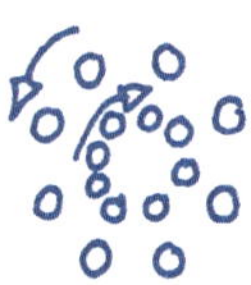

## Kugellager

Ablauf: Die Gruppe wird halbiert und bildet zwei ineinander liegende Kreise. Die Personen, welche im inneren Kreis sitzen, schauen nach außen, jene, die im äußeren Kreis sitzen, nach innen. Nun wird eine Feedbackfrage gestellt, welche zu zweit mit der gegenübersitzenden Person diskutiert wird. Für die nächste Frage rotiert einer der Kreise um eine Position. Die neuen Partner tauschen sich wiederum aus.
Variante: Bei schwierigen Feedbacks/schwierigen Situationen kann mit den drei Empfangsvorgängen (1. Ich nehme wahr …, 2. Ich interpretiere …, 3. So wirkt das auf mich …) nach Schulz von Thun gearbeitet werden. Beispiel: Die Gruppe funktioniert nicht gut zusammen, was sich negativ auf die Gruppenarbeiten auswirkt. Die Dozentin leitet die zufällig entstehenden Zweiergruppen im Kugellager an; zuerst zu (1), dann zu (2) und in einer nächsten Runde zu (3) zu diskutieren. Nach mehreren Durchgängen werden die Gespräche im Plenum zusammengetragen.

Diese Struktur hilft, auf der professionellen Ebene zu diskutieren.
Bemerkungen: Diese Methode wird allgemein im Unterricht zum Wissensaustausch empfohlen. In Zusammenhang mit Feedback ist sie ein gutes Instrument, um vor dem Ausfüllen eines Evaluationsbogens das Gedächtnis in Bezug auf den vergangenen Unterricht aufzufrischen.
Gruppengröße: klein bis groß
Geeigneter Zeitpunkt: jederzeit
Dauer: 10–20 Minuten
Arbeitsaufwand: gering
Vorteile: Da die Dozentin nicht direkt zuhört, kommen eventuell Dinge zur Sprache, die in einem offenen Feedback im Plenum nicht erwähnt würden. In der Zweiergruppe kommt jeder zu Wort und ist aktiver als im Plenum. Der gemeinsame Austausch hat eine erinnerungsfördernde und zusammenfassende Funktion.
Nachteile: Meinungen können beeinflusst werden. Die Zweiergruppe kann vom eigentlichen Thema abschweifen.
Quelle: allgemein bekannt
Passende Situationen: G, H1, J1, K, N, O, P

## Kurztest

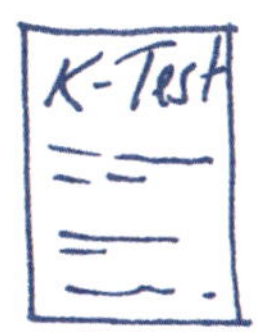


Ablauf: Ein kurzer Test wird vom Dozenten zusammengestellt. Das können Fragen, Multiple-Choice- oder Textaufgaben sein. Es kann sinnvoll sein, die Fragen ähnlich wie diejenigen der Abschlussprüfung zu gestalten, um den Umgang mit diesen zu üben. Der Test wird ausgefüllt, vom Dozenten korrigiert und zurückgegeben. Es ist wichtig, dass der Test besprochen, Fehler und Mängel aufgezeigt oder gegebenenfalls Stoff repetiert wird. Dies verstärkt den Lerneffekt.
Variante: Die Gruppe wird in Kleingruppen aufgeteilt und schreibt sich gegenseitig kurze Tests. Es können Belohnungen für besonders gute Testfragen oder besonders gut gelöste Tests in Aussicht gestellt werden. Das Ganze sollte spielerisch daherkommen.
Bemerkungen: Ein Kurztest sollte auch wirklich kurz sein. Es ist wichtig, den Test als Angebot und Hilfe vorzustellen und nicht als Leistungsbeurteilung.

Gruppengröße: klein bis groß
Geeigneter Zeitpunkt: Mitte/Zwischenstand
Dauer: 10–20 Minuten
Arbeitsaufwand: groß
Vorteile: Dieses Werkzeug hat diagnostische Funktionen für die Dozierenden und die Studierenden. Es gibt Einblick in den Leistungsstand.
Nachteile: großer Arbeits- und Zeitaufwand
Quelle: allgemein bekannt
Passende Situationen: B2, F, G, J2, L5, N, U

# L

## Lebendige Statistik

Ablauf: Die Dozentin stellt eine Frage. Mögliche Antworten dazu hat sie im Vorfeld auf Blätter notiert und an verschiedenen Stellen im Raum aufgehängt. Zum Beispiel: «Wer fühlt sich sicher beim Umgang mit Farben?» Als Antwortmöglichkeiten stehen «sicher», «mittel» und «unsicher» zur Auswahl. Die Studierenden ordnen sich einer Antwort zu.
Variante: Die Dozentin stellt eine Frage. Die ersten Antworten oder die sinnvollsten werden notiert. Beispiel: «Mit welchem Material würden Sie sich gerne auseinandersetzen?» Nun können sich die Studierenden wiederum einer Antwort zuordnen.
Bemerkungen: Bei Brinker und Schumacher wird die Methode eher für allgemeine Fragen vorgestellt (z. B. um sich kennenzulernen resp. vorzustellen). Die Autorin setzt die Methode gerne für eine schnelle Meinungsbildung, Abstimmung oder als Stimmungsbarometer ein.
Gruppengröße: mittel bis groß
Geeigneter Zeitpunkt: Mitte bis Ende, zwischendurch zur Meinungsabfrage
Dauer: 10–15 Minuten
Arbeitsaufwand: gering
Vorteile: Visuelle Methode, die schnell und unkompliziert eine Mehrheitsverteilung offenlegt. Es ist sichtbar, was die anderen denken, Anonymität ist nicht immer gefragt.
Nachteile: Die Gefahr, dass Meinungen beeinflusst werden, ist groß. Dieses Werkzeug dient daher auch nicht der summativen Evaluation,

sondern als einfaches Stimmungsbarometer.
Quelle: Abgeleitet aus: Brinker, Tobina; Schumacher, Eva-Maria: Befähigen statt belehren. Neue Lehr- und Lernkultur an Hochschulen. Bern: hep Verlag, 2014, Methodenkarte 25
Passende Situationen: B, B2, G, L4, M, S

## Lehrveranstaltungsgeschichte

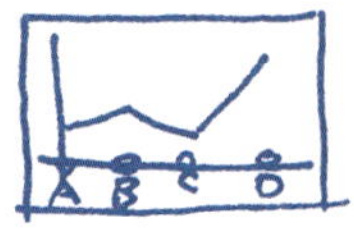

Ablauf: Große Papierbögen mit einer Skala werden aufgehängt. Nun wird der Verlauf oder die Geschichte der Veranstaltung aufgezeichnet. Ein Beispiel könnte ein Koordinatensystem sein, auf dessen X-Achse Lektionen oder Veranstaltungen aufgetragen sind, und auf der Y-Achse die positiven Effekte eingetragen werden können. Die Studenten zeichnen den Effekt der einzelnen Veranstaltung aus ihrer Sicht ein.
Variante: Mehrere Themen werden parallel in ein Koordinatensystem eingezeichnet. Zum Beispiel: Spaß, Lernerfolg, Schwierigkeitsgrad etc. Bei dieser Variante muss zur besseren Unterscheidbarkeit der verschiedenen Themen mit mehreren Farben gearbeitet werden.
Bemerkungen: Bei vielen Studierenden empfiehlt sich eher eine Punktmarkierung als eine Kurve. Da nicht alle gleichzeitig vor der Tafel stehen können, kann das Koordinatensystem auch zu Beginn des Tages aufgehängt werden, mit dem Auftrag, Einträge bis zu einem bestimmten Zeitpunkt zu machen.
Gruppengröße: mittel bis groß
Geeigneter Zeitpunkt: zwischendurch zur Meinungsabfrage, am Schluss
Dauer: 10–15 Minuten
Arbeitsaufwand: gering
Vorteile: visuelle Methode, die schnell und unkompliziert eine Tendenz aufzeigt
Nachteile: Die Gefahr, dass Meinungen beeinflusst werden, ist groß. Dieses Werkzeug dient deshalb auch nicht der summativen Evaluation, sondern ist ein einfaches «Tendenz-Tool».
Quelle: Brinker, Tobina; Schumacher, Eva-Maria: Befähigen statt belehren. Neue Lehr- und Lernkultur an Hochschulen. Bern: hep Verlag, 2014, S. 149
Passende Situationen: G, L2, L5

## Lern- und Arbeitsvereinbarung

Ablauf: Bei der Lernvereinbarung geht es darum, die Lernenden zu informieren, miteinzubeziehen und ihnen eine Leitplanke zu bieten. Die Vereinbarung kann als fertig erstelltes Dokument von den Dozierenden mitgebracht werden, sie kann als Vorschlag vorgestellt und mithilfe der Studierenden ergänzt werden oder sie kann gemeinsam erarbeitet werden. Je nach Setting ist die eine oder andere Variante passender.
In der Vereinbarung sollte festgehalten sein, um welches Modul es sich handelt, was erreicht werden soll, wie es erreicht werden soll, was es für den Dozenten und für den Studenten bedeutet und welche Beiträge und Leistungsnachweise für das Bestehen des Moduls notwendig sind. Je nach Inhalt können noch Hinweise zur Art der Zusammenarbeit, Selbststudium, Methoden und Bewertung ergänzt werden.
Bemerkungen: Ziel einer Lernvereinbarung ist es, Transparenz zu schaffen. Diese hilft den Studierenden, sich auf die Veranstaltung einzustellen und einzulassen.
Gruppengröße: klein bis groß
Geeigneter Zeitpunkt: Einstieg
Dauer: 5–30 Minuten (auch länger, wenn die Vereinbarung gemeinsam erarbeitet wird)
Arbeitsaufwand: mittel
Vorteile: Eine gemeinsame Zielformulierung wirkt motivierend und bietet Fixpunkte, auf die im Laufe der Veranstaltung hingewiesen werden kann.
Nachteile: kann als vertragliche Absicherung des Dozenten missverstanden werden
Quelle: Schumacher, Eva-Maria: Schwierige Situationen in der Lehre. Opladen & Farmington Hills: Verlag Barbara Budrich, 2011, S. 52
Passende Situationen: B, C, E, M

## Lerntagebuch/Logbuch

Ablauf: Jede Studentin führt ein modulbegleitendes Logbuch. Idealerweise hat das Buch ein kompaktes Format, sodass es immer mit dabei ist und regelmäßig genutzt werden kann. Einträge können frei und tagebuchartig erfolgen oder sich nach zuvor formulierten Leitsätzen richten.

Zwischendurch können die Studentinnen die Aufgabe erhalten, ihre Einträge zu reflektieren und daraus eine Erkenntnis zu formulieren. Abschließend kann eine Auswertung stattfinden; zum Beispiel unter einem bestimmten Gesichtspunkt wie: «Große Aha-Erlebnisse», «Bemerkenswertes», «Merken möchte ich mir für die Zukunft», «Daran muss ich noch arbeiten» etc.

Bemerkungen: Das Logbuch kann seitenweise innerhalb eines festgelegten Rasters (Datum und Titel, Sichtworte zum Ablauf, Stichworte zu …, Schlusssatz) oder frei nach der Idee der Studentin gestaltet sein. Damit dieses Werkzeug wirklich angewendet wird, ist es wichtig, zu Beginn aufzuzeigen, was das Führen des Logbuches bringt. Es sollte klar sein, was bezüglich Umfang, Art, Abgabe etc. von der Dozentin erwartet wird.

Gruppengröße: klein bis groß (bei einer großen Gruppe ist die gemeinsame Auswertung umständlich oder nicht möglich)

Geeigneter Zeitpunkt: unterrichtsbegleitend

Dauer: fortlaufend

Arbeitsaufwand: mittel

Vorteile: Überblick über das ganze Modul, Reflexionsgrundlage, Vorbereitung auf Prüfung oder Präsentation, Nachschlagewerk, Selbstevaluation für Lernende

Nachteile: Das Logbuch muss fortlaufend geführt und durch die Dozentin unterstützt werden.

Quelle: allgemein bekannt

Passende Situationen: B2, F, H1, H2, K

## Lesson Study

Ablauf: Mehrere Lehrende bilden eine Arbeitsgruppe, die die Lesson Study durchführt. Die Gruppe ermittelt eine Forschungsfrage zum Unterricht. Danach wird die Unterrichtsstunde gemeinsam vorbereitet. Ein Gruppenmitglied führt die Lektion durch, die anderen Gruppenmitglieder beobachten es dabei. Anschließend werden die Beobachtungen ausgewertet und Ideen für die Weiterentwicklung der Unterrichtsstunde gesammelt. Gegebenenfalls werden diese neu entwickelten Lektionen

wiederum unter Beobachtung oder in einer Lesson Study durchgeführt.
Bemerkungen: Bei der Lesson Study geht es nicht um die Dozierenden, sondern um die Studierenden und ihre Lernprozesse. Es wird der Zusammenhang zwischen Lehren und Lernen untersucht. Für das Gelingen der Lesson Study ist es wichtig, die Forschungsfrage oder den Fokus einzugrenzen. Zum Beispiel: «Wie kann das räumliche Vorstellungsvermögen im Rahmen des Zeichenunterrichts gefördert werden?». Diese Methode wird eher bei Schülern der Grundstufe angewendet und weniger in der Hochschulstufe. Die Methode kann aber auch für letztere adaptiert werden.
Gruppengröße: klein bis mittel (groß)
Geeigneter Zeitpunkt: jederzeit
Dauer: 3–4 Stunden
Arbeitsaufwand: groß
Vorteile: Es entstehen evidenzbasierte Lösungsvorschläge für die Optimierung des Unterrichts.
Nachteile: arbeitsintensiv
Quelle: http://www.lernensichtbarmachen.ch/2014/11/lesson-study-eine-form-kooperativer-und-evidenzbasierter-unterrichtsreflexion/
Passende Situationen: H2, V

## Lösungsorientiertes Nachfragen

Ablauf: Ein Student oder auch eine ganze Gruppe versteht etwas nicht, glaubt es nicht, kann es nicht oder will es nicht können. Auf diese Störung reagiert der Dozent mit einer Intervention. Diese besteht aus wertschätzendem Verstehen und konkretisierendem, lösungsorientiertem Nachfragen. Dazu wird zuerst paraphrasiert, was der Dozent aufgenommen hat: «Verstehe ich Sie richtig, dass …» Zusätzlich soll die Beziehungsebene angesprochen werden «… dieser Zustand verärgert Sie.» Im Anschluss kommt das lösungsorientierte Nachfragen, um weitere Informationen zutage zu fördern. «Wie genau haben Sie nachgeforscht?» oder «Was genau fehlt Ihnen für den nächsten Schritt?».
Bemerkungen: Wichtig ist, dass das Gegenüber sich wertgeschätzt fühlt und dass es um die gemeinsame Suche nach Lösungen geht. «Warum

wollen Sie nicht in einer Gruppe arbeiten?» tönt als lösungsorientierter Ansatz eher so: «Wie müsste die Gruppenarbeit aussehen, an der Sie teilnehmen möchten?».
Gruppengröße: klein bis mittel
Geeigneter Zeitpunkt: jederzeit
Dauer: 1–20 Minuten
Arbeitsaufwand: gering
Vorteile: In schwierigen Situationen hilft diese Methode, Lösungsansätze zu ermöglichen.
Nachteile: eignet sich nicht für große Gruppen
Quelle: Schumacher, Eva-Maria: Schwierige Situationen in der Lehre. Opladen & Farmington Hills: 2011, S. 100 ff.
Passende Situationen: F, J2, L3, M, N, P

# M

## Minute Paper

Ablauf: Die Dozentin verteilt ein vorgefertigtes Formular, um Rückmeldungen zur Veranstaltung einzuholen. Auf diesem soll die Studentin zum Beispiel zwei positive und zwei negative Punkte zur Veranstaltung nennen. Die Lehrperson wertet die Formulare anschließend aus und nimmt eventuell zu einem späteren Zeitpunkt Stellung dazu. Das Ziel der Dozierenden besteht darin, die Antworten des Formulars so gut wie möglich umzusetzen.
Variante: Als Tagesabschluss sollen folgende drei Fragen kurz schriftlich beantwortet werden: «Was ist das Wichtigste, was ich heute gelernt habe?», «Was habe ich nicht verstanden?» und «Was möchte ich noch anmerken?». Die Auswertung kann in der nächsten Lektion diskutiert werden.
Bemerkungen: In der Regel werden Minute Papers anonym ausgefüllt, damit eine eventuelle Befangenheit das Feedback nicht verhindert. Die Formulare für das abschließende Feedback sollen nicht in den letzten 10 Minuten ausgeteilt werden, sondern entweder zu Beginn des Tages oder in der vorangehenden Lektion, damit Zeit und Muße zum ernsthaften Ausfüllen und gegebenenfalls zum Diskutieren bleibt.

Gruppengröße: klein bis sehr groß (der Aufwand der Auswertung steigt mit der Gruppengröße)
Geeigneter Zeitpunkt: zwischendurch, am Schluss
Dauer: one minute (oder realistischer: 5 Minuten)
Arbeitsaufwand: Vorbereitung gering, Nachbereitung groß
Vorteile: Summativ erfassbare Aussagen. Zeigt, auf welche Thematik am meisten Gewicht gelegt wird.
Nachteile: arbeitsintensiv
Quelle: allgemein bekannt
Passende Situationen: G, L1, L2, L4, S

### Murmelgruppe

Ablauf: Studierende tauschen sich in 2er- oder 3er-Gruppen zu einer Feedbackfrage aus. In der Regel wird die Gruppe direkt mit dem Sitznachbar gebildet. Das Ergebnis wird danach ins Plenum gegeben.
Bemerkungen: Unkompliziertes und schnelles Tool, um die Studierenden zu Feedback zu aktivieren.
Gruppengröße: klein bis mittel
Geeigneter Zeitpunkt: jederzeit
Dauer: 5–10 Minuten
Arbeitsaufwand: gering
Vorteile: Bei einer Gruppe aus 20 Studierenden ergeben sich 10 statt 20 Statements. Diese Komprimierung verkürzt die Feedbackzeit. Die Diskussion in der Murmelgruppe regt zur Reflexion an.
Nachteile: Eine Meinung kann zu kurz kommen.
Quelle: allgemein bekannt
Passende Situationen: B2, H1, J1, N, P, Q, R, T, U

## N

### Noten geben

Ablauf: Die Studierenden lösen eine Prüfung. Der Dozent bewertet sie mit Noten. Handelt es sich um eine «vergleichbare» Prüfung – alle Studierenden haben die gleichen Fragen gelöst –, gibt es dazu in der Regel

eine Skala, welche die Benotung anhand der erreichten Punktezahl festlegt. Handelt es sich jedoch um eine schriftliche Arbeit oder ein Projekt, werden von der Qualität her vergleichbare, aber von Inhalt her sehr unterschiedliche Arbeiten benotet. Auch hier wird nach einem Schlüssel vorgegangen, die Bewertung gestaltet sich jedoch nicht so eindeutig nach «richtig» und «falsch». Die Note wird dem Studierenden rückgemeldet. Dies kann mit oder ohne Kommentar erfolgen.
Variante: Noten mit Feedback ergänzen, um ausführlichere Information oder verwertbaren Output zurückzugeben.
Bemerkungen: Noten sind mit Bildungsabschluss, Zertifikat oder Qualifikation verbunden und haben für den Studenten somit eine große Bedeutung. Dementsprechend lösen sie oft Unbehagen aus. Um die mögliche Diskrepanz zwischen Kompetenz und eigentlicher Performance an der Abschlussprüfung zu reduzieren, empfiehlt Hallet[2], zuvor mit kleineren Zwischenprüfungen zu üben. Zu beachten ist auch der Informationsverlust, den Noten durch die Codierung mit sich bringen.[3]
Gruppengröße: klein bis sehr groß
Geeigneter Zeitpunkt: für Zwischenresultate, am Schluss
Dauer: 10–120 Minuten
Arbeitsaufwand: groß
Vorteile: Vergleichbare, messbare Werte. Für den Dozenten wie auch für den Studenten ist diese Art der Leistungsbeurteilung eine sehr direkte Rückmeldung über den Erfolg des Unterrichts.
Nachteile: Noten üben oft Leistungsdruck aus, der zu einer schlechteren Performance führen kann. Noten zeigen nicht zwingend den effektiven Lernzuwachs oder die effektive Leistung an.
Quelle: allgemein bekannt; Hallet, Wolfgang: Didaktische Kompetenzen. Stuttgart, 2006, S. 159 ff.; Schubiger, Andreas: Lehren und Lernen. Bern: hep Verlag. 2013, S. 144
Passende Situationen: F, G, L3

# P

## Podiumsdiskussion

Ablauf: Auf dem «Podium» befinden sich 3–5 «Gäste» (speziell eingeladene Personen oder Teilnehmende aus dem Kurs) sowie der Moderator. Das Publikum (die Klasse) kann mit Wortmeldungen an der Diskussion teilnehmen. Die Gäste sind Vertreter von unterschiedlichen Meinungen zu einem festgelegten Thema. Der Moderator führt die Diskussion, er ist in Bezug auf das Thema neutral und stellt sicher, dass die unterschiedlichen Meinungen diskutiert werden können.
Ein Diskussionsthema könnte sein: «Braucht es ein zusätzliches Sprachangebot an unserer Schule?» Nun stellt der Moderator das Thema, die Gäste und kurz den Ablauf vor. Anschließend startet die Diskussion. Der Moderator fasst am Schluss die wichtigsten Punkte zusammen.
Bemerkungen: Die Gesprächsleitung muss auf eine lebendige und inhaltsbezogene Diskussion achten. Sie muss eingreifen, wenn jemand abschweift oder zu lange spricht. Je nach Thema macht es Sinn, zusätzlich eine Person zu bestimmen, die Kernpunkte der Diskussion festhält.
Die Methode eignet sich sehr gut bei Themen, zu denen es widersprüchliche Meinungen gibt.
Gruppengröße: 3–5 auf dem Podium, Plenum mittel bis groß
Geeigneter Zeitpunkt: jederzeit
Dauer: 30–60 Minuten
Arbeitsaufwand: mittel
Vorteile: Eine Thematik wird von verschiedenen Gesichtspunkten her betrachtet und besprochen. Dies kann zu neuen Ansätzen führen.
Nachteile: Ein eher langsamer Prozess. Die Meinung der Podiumsteilnehmer wird meistens stärker gewertet als Statements aus dem Plenum.
Quelle: allgemein bekannt; u. a. aus: Knoll, Jörg: Kurs- und Seminarmethoden. Weinheim, Basel, Berlin: Berlitz Verlag, 2003, S. 137 ff.
Passende Situationen: K, O, Q, R

## Postkarten-Feedback

Ablauf: Für den Einstieg werden Postkarten (Bildkarten) ausgelegt. Diese können thematisch zum Workshop oder Modul ausgewählt werden oder frei zusammengestellt sein. Die Teilnehmenden werden aufgefordert, eine Karte zu wählen und sich mit dieser vorzustellen. Zum Beispiel: «Ich heiße …», «Die Karte habe ich gewählt, weil …» und «Ich bin hier, weil …».
Variante: Das Werkzeug kann im Arbeitsprozess als Inspirationsrunde oder als Abschluss für eine Einheit oder für ein Modul dienen.
Bemerkungen: Die Karten können als Einstimmung zu einem Thema genutzt werden. Gerade bei Neuanfängen, wenn sich die Teilnehmenden noch unsicher fühlen, ist es hilfreich, sich an etwas festhalten zu können.
Gruppengröße: klein (mittel: je größer die Gruppe, desto größer die Gefahr, dass es langweilig wird, wenn jeder sein Sprüchlein aufsagt).
Geeigneter Zeitpunkt: zu Beginn, zwischendurch, zum Abschluss
Dauer: 10 Minuten
Arbeitsaufwand: gering
Vorteile: Das visuelle Werkzeug unterstützt das Sich-Kennenlernen. Es ist ein schnelles und unkompliziertes Instrument, welches erlaubt, jeden kurz zu hören (zu aktivieren) und der Dozentin einen guten ersten Einblick gewährt.
Nachteile: nicht geeignet für mittlere bis größere Gruppen
Quelle: allgemein bekannt
Passende Situationen: B, I, L4, P, R

## Prozessanalyse mit der Gruppe

Ablauf: Ein Fragenkatalog für die Prozessanalyse wird entweder vorgelegt oder gemeinsam als Gruppe erarbeitet. Mögliche Fragen für eine Prozessanalyse sind:

- Wie wurde der bisherige Verlauf erlebt?
- Welche konkreten Geschehnisse gibt es dazu?
- Wie gut hat die Gruppe funktioniert?
- Wie zielorientiert wurde gearbeitet?
- Was könnte die Gruppe verbessern (am Arbeitsprozess, im Umgang …)?

Als Schlussfrage empfiehlt Langmaak: «Was wollen wir miteinander vereinbaren?» Diese Frage eignet sich, weil sich daraus Material für zukünftige Themen und Arbeitsweisen ergibt.
Bemerkungen: Für die Prozessanalyse und deren Auswertung sollte genügend Zeit zur Verfügung stehen. Sie sollte nur in größeren zeitlichen Abständen durchgeführt werden.
Gruppengröße: klein
Geeigneter Zeitpunkt: in der Mitte eines langen Prozesses, am Ende des Prozesses
Dauer: 40–60 Minuten
Arbeitsaufwand: mittel
Vorteile: Informationen über die Gruppe können gewonnen werden. Was den bisherigen Prozess bestimmt hat, wird dabei transparent gemacht. Auch Feedback an einzelne Mitglieder oder den Dozenten sind im Rahmen einer Prozessanalyse möglich. Verbesserungspotenziale werden sichtbar gemacht.
Nachteile: intensiver, aufwendiger Prozess, der sich nur für kleine Gruppen eignet
Quelle: Langmaak, Braune-Krickau: Wie die Gruppe laufen lernt. Weinheim: Beltz Verlag. 2000, S. 206 ff.
Passende Situationen: B2, F, G, H1, M, Q

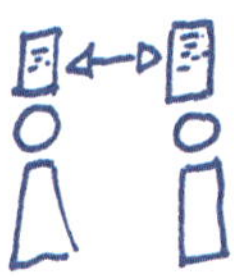

## Prüfungsfragen-Austausch

Ablauf: In Vorbereitung auf eine Abschlussprüfung werden die Studierenden aufgefordert, sich Prüfungsfragen auszudenken und zu formulieren. Anschließend werden die Fragen ausgetauscht und zu beantworten versucht. Im Plenum können zum Schluss noch ein paar Fragen besprochen werden.
Variante: Es werden kleine Lerngruppen gebildet (4–8 Studierende), die Fragen austauschen, beantworten und dann gemeinsam in der Kleingruppe besprechen.
Bemerkungen: Unter Umständen macht es Sinn, dass die Dozentin den Prozess begleitet, damit sie rechtzeitig falsche Antworten auf die selbstgestellten Prüfungsfragen erkennen und korrigieren kann.

Gruppengröße: klein bis groß (bei großen Gruppen bietet sich die Variante «Kleingruppen bilden» an)
Geeigneter Zeitpunkt: gegen Ende eines Moduls/einer Veranstaltung
Dauer: 20–60 Minuten
Arbeitsaufwand: gering
Vorteile: Reflexion, Übung und Standortbestimmung in einem. Verschiedene Personen stellen unterschiedliche Fragen (Perspektivenwechsel)
Nachteile: Die Kontrolle, ob nun wirklich das Richtige oder alles Nötige gelernt wurde, fehlt.
Quelle: allgemein bekannt
Passende Situationen: G, H1, J1, N, U

# R

## Reflexionsbogen

Ablauf: Die Studierenden erhalten am Ende einer Sitzung oder nach Abschluss einer Themeneinheit einen vorbereiteten Reflexionsbogen. Dieser kann Fragen beinhalten, wie: «Was waren heute wichtige Erkenntnisse für Sie?», oder «Was ist unklar geblieben?».
Variante 1: Den Reflexionsbogen als Einstieg zu einem neuen Themengebiet einsetzen. Zum Beispiel mit den folgenden Fragen: «Was weiß ich bereits zum Thema?» oder «Welche Fragen habe ich zum Thema?».
Variante 2: Als Werkzeug zur Problemfindung oder Problemlösung eingesetzt, könnte die Frage lauten: «Wo liegt aus meiner Sicht das Problem?».
Bemerkungen: Nach Waldherr und Walter dient der Reflexionsbogen lediglich der Eigenreflexion der Teilnehmenden und wird deshalb nicht eingesammelt und besprochen. Ergänzt wird die Methode, wenn die Studierenden auf freiwilliger Basis ihre Ergebnisse ins Plenum rufen. Ist von Beginn an vorgesehen, die Reflexionsbögen einzusammeln, sollte dies am Anfang klar kommuniziert werden.
Gruppengröße: klein bis groß
Geeigneter Zeitpunkt: gegen Ende oder am Ende einer Themeneinheit
Dauer: 5–10 Minuten
Arbeitsaufwand: gering

Vorteile: Die Studierenden reflektieren den Lernstoff durch das Beantworten der Fragen.
Nachteile: Der Lehrende erfährt nicht zwingend, was nun gelernt wurde und was fehlt.
Quelle: Waldherr Franz; Walter, Claudia: didaktisch und praktisch. Stuttgart: Schäfer Poeschel Verlag, 2014, S. 69
Passende Situationen: B2, F, H1, Q

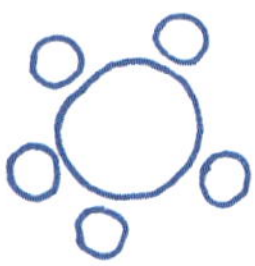

## Round Table

Ablauf: Teilnehmende eines Moduls, bei dem in Kleingruppen gearbeitet wird, tauschen sich zu ihren Projekten aus. Dazu treffen sich zum Beispiel vier Projektgruppen (je 2–3 Personen) und setzen sich zusammen mit den Dozierenden des Projektes an einen Tisch. (Besteht die Klasse aus mehr als vier Gruppen, müssen mehrere Round Tables durchgeführt werden). Eine der Projektgruppen präsentiert den Zwischenstand ihres Projektes. Anschließend können die anderen Studierenden und die Dozierenden Fragen zum Projekt stellen oder auch Meinungen dazu äußern. Dieses Szenario wird mit jeder Gruppe wiederholt, bis alle Projekte präsentiert und besprochen wurden.
Bemerkungen: Die Sitzordnung um den runden Tisch drückt aus, dass es sich um ein Gespräch zwischen Gleichberechtigten handelt. Es ist wichtig, dass diese Gleichberechtigung auch wirklich gelebt wird. Weder die Studierenden noch die Dozierenden sollen das Gespräch als Bewertungsrunde verstehen.
Gruppengröße: klein
Geeigneter Zeitpunkt: Zwischenstand
Dauer: 15 Minuten pro 2er-Gruppe = 60 Minuten für einen Round Table mit 4 Projektgruppen
Arbeitsaufwand: mittel bis groß
Vorteile: Ein Austausch auf Augenhöhe, der Inspiration bringt, aufdeckt, wo die Schwächen, aber auch die Stärken eines Projektes sind. Alle in der Gruppe können profitieren, weitere Entwicklungsschritte werden gemeinsam angedacht.
Nachteile: Der Zeit- und Personalaufwand ist groß.

Quelle: allgemein bekannt
Passende Situationen: F, H1, T

## Rückmeldungsgespräch

Ablauf: Der Dozent gibt einem Studenten Rückmeldung zu dessen Leistung. Das kann zu einem Projekt, zum Einsatz während des Semesters oder zu einer Prüfung sein.
Bemerkungen: Das Gespräch sollte positive und negative Punkte behandeln. Wichtig ist, dass der Fokus stets lösungsorientiert und nicht anklagend oder «nur» lobend ist. Der Student soll mit Fokus auf das Ziel aus dem Gespräch gehen. Die eigentliche Bewertung der Leistung hat vor dem Gespräch stattgefunden. Es kann auch von Vorteil sein, wenn die Note bereits bekannt ist. Das Gespräch selbst ist keine Beurteilung einer Leistung, sondern nur die Besprechung derselben.
Gruppengröße: 1 : 1
Geeigneter Zeitpunkt: nach Abschluss
Dauer: 10–15 Minuten
Arbeitsaufwand: mittel bis groß
Vorteile: Der Student erhält eine fundierte Rückmeldung, die für den weiteren Lernprozess viel mehr bietet als eine bloße Note.
Nachteile: Der Zeitaufwand ist gerade bei umfangreicheren Gruppen groß.
Quelle: allgemein bekannt
Passende Situationen: L3

# S

## Smiley Board

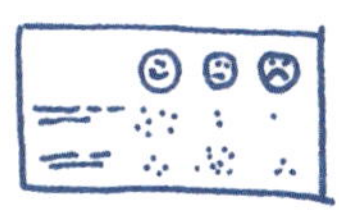

Ablauf: Die Dozentin hängt ein Plakat oder mehrere Plakate mit Statements zum Modul auf. Diese Aussagen werden von einer Tabelle begleitet, in der ein lachendes, ein neutrales und ein weinendes Smiley die Bewertung angeben. Auf diesem Board kleben die Studierenden nun zu jeder Aussage einen Punkt zum für sie passenden Smiley. So entsteht eine Art Stimmungsbarometer, das anschließend von der Dozentin kommen-

tiert werden kann. Sollten die Ergebnisse überraschend und/oder schwer interpretierbar sein, kann sie auch bei den Studierenden nachfragen.
Variante 1: Damit an den Plakaten kein Stau von Studierenden entsteht, die ihre Punkte verteilen wollen, gruppieren sich diese im Halbkreis um die Plakate. Jeder soll die Punkte zuerst nur mental platzieren. Wenn alle wissen, wo sie diese anbringen wollen, wird das Ankleben der Punkte zügig von einem Studenten nach dem anderen ausgeführt. Diese Variante beugt der Gefahr der «Stimmungsanpassung» an bereits geklebte Punkte vor.
Variante 2: Mehrere Plakate mit jeweils nur ein bis zwei Aussagen werden im Raum verteilt. Die Studierenden – in Kleingruppen organisiert – zirkulieren von Plakat zu Plakat. Diese Variante eignet sich für etwas größere Gruppen. Die Gefahr, dass die Meinung von bereits geklebten Punkten beeinflusst wird, ist hier jedoch größer.
Bemerkungen: Die Aussagen sollen kurz beziehungsweise schnell ablesbar sein (nicht mehr als fünf Aussagen pro Smiley Board).
Gruppengröße: klein bis mittel
Geeigneter Zeitpunkt: am Schluss
Dauer: 10–20 Minuten
Arbeitsaufwand: mittel
Vorteile: schnelles, unkompliziertes Werkzeug, um Trends und Stimmungen sichtbar zu machen
Nachteile: Meinungsbeeinflussung durch bereits geklebte Punkte. Bringt nur einen verwertbaren Output, wenn gute Statements oder Fragen aufgeschrieben wurden.
Quelle: die Autorin
Passende Situationen: L1, L2, L4, L5, R

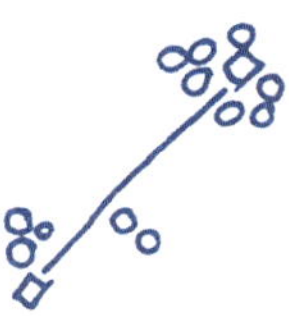

## Skalierung zum Seminarverlauf

Ablauf: Quer durch den Raum wird ein Seil gelegt. An einem Ende wird eine grüne, am anderen eine rote Markierung angebracht. Der Dozent stellt jeweils eine Frage oder macht eine Aussage. Die Teilnehmenden positionieren sich passend zu ihrer Meinung eher beim grünen oder beim roten Ende.

Bemerkungen: Wenn der Raum nicht genügend Platz bietet, kann die Übung nach draußen verlegt werden. Das ist besonders nützlich, wenn die Studenten aktiviert werden sollen.
Gruppengröße: klein bis mittel
Geeigneter Zeitpunkt: jederzeit
Dauer: 5–10 Minuten
Arbeitsaufwand: gering
Vorteile: schnelle Methode, um Tendenzen und Stimmungen abzulesen, die zusätzlich eine aktivierende Funktion hat
Nachteile: Sogenannte Zugpferde, die schnell ihre Meinung bilden und sich schnell positionieren, können die Meinungsbildung anderer beeinflussen.
Quelle: Hardebrodt-Schwier, Elke: So geht's: Feedback geben. Düsseldorf: Neukirchen Verlagsgesellschaft, 2012, S. 75
Passende Situationen: G, H1, I, L2

## Streudiagramm

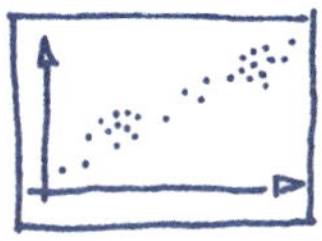

Ablauf: Mit einem Streudiagramm werden Zusammenhänge zwischen zwei Variablen dargestellt. Das Diagramm hat zwei Achsen, zum Beispiel Leistung (Note) und Klassengröße (Anzahl Personen). Nun werden die passenden Punkte im Streudiagramm eingekreist. Wenn alle Daten eingetragen sind, zeigt das Diagramm ein Bild. Sind die Punkte mehr oder weniger auf einer linearen Achse angeordnet, kann von einer starken Korrelation ausgegangen werden. Sind die Punkte wolkenartig auf dem Feld verteilt, besteht keine oder nur eine geringe Korrelation.
Bemerkungen: Damit dieses Tool angewendet werden kann, braucht es ausgewertete Daten aus mehreren Veranstaltungen.
Gruppengröße: –
Geeigneter Zeitpunkt: nach einer Veranstaltung, die bereits mehrfach durchgeführt wurde
Dauer: mehrere Stunden
Arbeitsaufwand: groß
Vorteile: fundierte Auswertung von Variablen
Nachteile: großer Arbeitsaufwand

Quelle: allgemein bekannt, zusammengefasst aus: Hauser, Bernhardt: signifikant? Einführung in statistische Methoden für Lehrkräfte. Zug: Klett und Balmer Verlag, 2009, S. 153 ff.
Passende Situationen: V

# T

## Telefonbefragung

Ablauf: Die Studierenden bilden einen Kreis, in dessen Mitte ein leerer Stuhl steht. Nun werden sie aufgefordert, sich vorzustellen, dass jene Person, die sich in die Mitte setzt, eine Telefonbefragung unter den Personen im Kreis durchführt. Sie «ruft» einzelne Studierende an und befragt sie zu ihrer Leistung, zu ihrem Projekt etc. Ob die angerufenen Personen die Frage beantworten wollen, entscheiden diese selbst. Nach dem Gespräch begibt sich eine neue Person in die Mitte.
Bemerkungen: Das Szenario «Telefonumfrage» passt, weil es im Kern darum geht, mittels Fragen besser zu werden. Es eignet sich, um Meinungen zum eigenen Projekt oder zu bestimmten Facetten einzuholen. Telefonieren schafft Distanz.
Gruppengröße: klein bis mittel
Geeigneter Zeitpunkt: als Zwischenstand
Dauer: 3–5 Minuten pro Telefonat
Arbeitsaufwand: gering
Vorteile: Der Fragende kann bestimmen, zu welchem Thema er Feedback erhalten möchte. Er erhält dann die Perspektive oder Meinung einer anderen Person. Diese Außenansicht kann sehr wertvoll sein.
Nachteile: Eine etwas umständliche Methode, die nur funktioniert, wenn sich die Teilnehmenden kennen und bereit sind, sich auf das Spiel einzulassen.
Quelle: Sachsenmeier, Ingeborg (Hrsg.): Workshops, Seminare und Besprechungen. Weinheim und Basel: Beltz Verlag, 2009, S. 195
Passende Situationen: F, G, H1

## To-Do-Liste

Ablauf: Im letzten Viertel des Moduls wird ein Zeitfenster geschaffen, in dem jeder Student offene Punkte zusammenstellt. Fragen wie: «Was muss noch in der laufenden Arbeit abgeschlossen werden?», «Was muss am Schluss abgegeben werden?» und «Wo sind noch Unklarheiten?» helfen dabei. Die Liste kann eine Auflistung aller Punkte sein oder die Punkte werden Zeitsegmenten («Bis wann zu erledigen?») zugeteilt. Jeder Student ist selbst verantwortlich, seine Liste abzuarbeiten, es findet keine direkte Kontrolle durch den Dozenten statt.
Variante: Die To-Do-Liste wird mittels Brainstorming von der Gruppe erfasst. Anschließend entscheidet die Gruppe gemeinsam, welche Punkte wichtig sind, welche nur unter bestimmten Umständen umsetzbar sind etc. Bei dieser Variante will der Dozent nicht stellvertretend für die Studenten über Prioritäten entscheiden, sondern helfen, Transparenz und somit eine Entscheidungsgrundlage zu schaffen.
Bemerkungen: Dieses Werkzeug eignet sich gut bei länger dauernden Modulen, um die Übersicht zu erleichtern. Für den Dozenten ist es eine gute Möglichkeit, rechtzeitig darauf hinzuweisen, was für den Abschluss erwartet wird.
Gruppengröße: klein bis groß
Geeigneter Zeitpunkt: ab der Hälfte bis zum letzten Viertel
Dauer: 5–15 Minuten
Arbeitsaufwand: gering
Vorteile: Die Repetition von Anforderungen hilft Unklarheiten in Bezug auf Ziele und Abgabefristen zu vermeiden.
Für die Studenten ist dieses Tool eine gute Möglichkeit, um kommunizieren zu können, welchen Input sie noch brauchen. Dabei werden Lücken in Bezug auf den Lernstoff sichtbar gemacht.
Nachteile: Die To-Do-Liste funktioniert nur, wenn die richtigen Punkte draufstehen. Dazu braucht es jedoch Überblick und Eigenverantwortung. Gerade bei Studenten, die eher Mühe mit dem Stoff haben, ist dies nicht gewährleistet.
Quelle: allgemein bekannt; siehe auch Langmaak, Barbara; Krickau, Michel: Wie die Gruppe laufen lernt. Weinheim: Beltz Verlag, 2000, S. 241 ff.
Passende Situationen: F, G, H1, J1, N, O, U

# V

## Vernissage mit Feedbackthemen

Ablauf: Die Dozentin bereitet Plakate mit je einem Feedbackthemengebiet vor. Mögliche Themen könnten sein: die Stimmung in der Gruppe, die Zwischenprüfung, die drei Ausflüge, die Hausaufgaben, meine Aha-Erlebnisse etc. Die Studierenden zirkulieren durch den Raum und fügen ihr Feedback bei den verschiedenen Plakaten an. Farbige Marker, Post-its etc. sollten bereitliegen. Andere Studierende dürfen zu aufgeschriebenen Feedbacks wiederum ihr Feedback anfügen. So entstehen bunte Plakate mit Clustern zu den einzelnen Feedbackfragen.
Bemerkungen: Die Studierenden erstellen gemeinsam Feedback und reagieren auf dieses. In der anschließenden Diskussion gehen die Studierenden gegenseitig auf das entstandene Feedback ein. Die Dozentin hat eher eine beobachtende Rolle einzunehmen.
Gruppengröße: klein bis mittel (Walter und Waldherr empfehlen, nicht mehr als 6 Personen vor einem Plakat stehen zu haben, bei 4 Plakaten sind das max. 24 Personen)
Geeigneter Zeitpunkt: gegen Ende
Dauer: 5 Minuten Feedback, 10 Minuten gemeinsame Diskussion pro Plakat
Arbeitsaufwand: mittel
Vorteile: Die Studierenden setzen sich mit ihren Rückmeldungen auseinander und reflektieren so den Unterricht. Sie erweitern durch das Erkennen von unterschiedlichen Meinungen ihren Horizont.
Nachteile: Eher aufwendig in der Durchführung. Es besteht die Gefahr, dass einzelne Studierende sich dem Prozess entziehen.
Quelle: abgeleitet/umgestellt aus: Waldherr, Franz; Walter, Claudia: didaktisch und praktisch. Stuttgart: Schäfer Poeschel Verlag, 2014, S. 33
Passende Situationen: B2, J1, L2, R, T

# Z

## Zaubertrank

Ablauf: Wenn die Luft raus ist oder ein Problem besteht, wird mit diesem Werkzeug auf spielerische Art eine Intervention entwickelt. Gemeinsam wird ein Zaubertrank für das jeweils vorhandene Problem gemischt. Dazu setzt sich die Gruppe in einen Kreis, in dessen Mitte ein Topf steht. Farbige Papierstücke und Stifte liegen bereit. Wer eine Idee für eine Zutat des Tranks hat – also eine Idee, um das Problem zu lösen – wirft diese in den Topf und kommentiert sie; z. B.: «Ich geben eine Prise Energie in den Trank.», «Ich mische zwei zusätzliche Lektionen dazu» etc. Sind alle Zutaten im Topf, wird gerührt. Eine Person geht zum Topf, macht eine Rührbewegung und greift einen Zettel heraus. Dieser wird vorgelesen und leitet eine Diskussion zur Problemlösung ein. Ist der Zettel ausdiskutiert, wird wieder gerührt und der nächste gezogen etc.
Bemerkungen: Die Diskussionen werden kurzgehalten, um möglichst viele Zettel zu nutzen. Die Studierenden lernen sich als Teil der Problemlösung zu begreifen und können Einfluss nehmen. Dadurch werden sie motiviert, wirklich eine Lösung zu finden.
Gruppengröße: klein bis mittel
Dauer: 10–30 Minuten
Arbeitsaufwand: gering
Vorteile: Gemeinsame Lösungsfindung auf eine spielerische und aktivierende Art. Eignet sich, wenn die Luft raus ist oder nicht klar ist, wie ein Problem angegangen werden kann.
Nachteile: Wenn die Stimmung schon sehr schlecht ist, kann es schwierig sein, die Gruppe für ein Spiel zu motivieren.
Quelle: die Autorin
Passende Situationen: C, I, M, N, P, Q

## Zukunftswerkstatt

Ablauf: Ein Thema oder eine Fragestellung wird in drei Phasen bearbeitet.

1. Kritik: Die Studierenden erläutern, womit sie nicht zufrieden sind.
2. Fantasie: Es werden Visionen beschrieben, die erläutern, wie ein Idealzustand aussehen könnte.
3. Verwirklichung: Phase 1 und 2 werden verknüpft und umsetzbare Lösungsmöglichkeiten entwickelt.

Bemerkungen: Die Inputs der einzelnen Phasen werden auf Kärtchen oder Blätter notiert und diese werden aufgehängt. Der entstehenden Diskussion muss Raum und Zeit gelassen werden. Damit sie jedoch nicht ausufert, lohnt es sich, vorab festzulegen, für welche Phase wie viel Zeit zur Verfügung steht.

Gruppengröße: klein bis mittel (bei mittleren Gruppengrößen können auch Teilgruppen gebildet werden)

Geeigneter Zeitpunkt: wenn es ein Problem zu lösen gibt

Dauer: 30–60 Minuten

Arbeitsaufwand: mittel

Vorteile: Mit dem kreativen Prozess der Visionen werden Lösungsansätze angedacht, die sonst vielleicht niemandem in den Sinn kommen würden. Die Lernenden beteiligen sich aktiv an einer Lösungsfindung.

Nachteile: Der Zeitaufwand ist groß. Bei gewissen Situationen kann es vorkommen, dass nur schwer umsetzbare Lösungen entstehen.

Quelle: Brinker, Tobina; Schumacher, Eva-Maria: Befähigen statt belehren. Neue Lehr- und Lernkultur an Hochschulen. Bern: hep Verlag, 2014, Methodenkarte 66

Passende Situationen: G, N, P, Q, T

## 4.4 DIY-Feedbackinstrumente

Bei einigen der aufgeführten Werkzeuge oder Anwendungen haben Sie vielleicht gedacht: «Das könnte auch anders verwendet werden.» Oder: «Das würde doch besser funktionieren, wenn ...»
So soll es sein, perfekt! Trauen Sie sich, die aufgeführten Werkzeuge so umzustellen, dass sie zu Ihrer Situation passen oder erfinden Sie neue Instrumente. Dies ist eine explizite Einladung, eigene Feedbackinstrumente zu entwickeln oder bestehende anzupassen. DIY steht hier für «Design It Yourself»[4]. Je mehr Übung Sie mit Unterrichten haben, desto selbstverständlicher wird das gehen.

Bauanleitung

**Schritt 1: Analysieren = Das Spielfeld abstecken**
Die vorbereitende Analyse ist dieselbe, wie jene, die in Kap. 4.1 erläutert wurde: Es muss Klarheit darüber bestehen, welches Ziel das geplante Feedback anstrebt. Auch Rahmenbedingungen, gewählte Perspektive, Zeitpunkt und Art der Umsetzung oder Auswertung liefern entscheidende Hinweise, was das zu entwickelnde Werkzeug können muss, damit das gesteckte Ziel erreicht wird. Es empfiehlt sich, Kernpunkte dieser Analyse stichwortartig festzuhalten.

**Schritt 2: Inspirationen übersetzen = Baumaterial finden und einsetzen**
Um das ausgesteckte Feld zu bespielen, können Sie bei verschiedenen Themenfeldern Ideen sammeln. Der bestehende Unterricht, bekannte Feedbacktools, Objekte oder auch Themen außerhalb des Unterrichts bieten Ansätze, die Ideen für neue Feedbacktools liefern. (Passende Praxisbeispiele sind im Anschluss an Schritt 3 aufgeführt.)

**Schritt 3: Anwenden = Das neue Spiel ausprobieren (sich trauen!)**
Los geht's! Nun wird das neue Werkzeug ausprobiert. Wenn es wie geplant funktioniert: Umso besser! Wenn es noch nicht ganz klappt, wird analysiert, wo die Probleme liegen, und das Werkzeug für die nächste Runde weiter angepasst.

Analysieren und Spielfeld abstecken. | Inspiration übersetzen und Baumaterial finden. | Anwenden, neues Spiel ausprobieren.

Praxisbeispiele

Damit Sie sich zu der DIY-Thematik ein besseres Bild machen können, stelle ich im Folgenden Beispiele zu unterschiedlichen Themenfeldern vor. Die Inspirationen und deren Übersetzung ergeben das neue Tool für die Praxis.

**Themenfeld: Unterrichtsthemen und ihr spezifischen Qualitäten**
Inspiration: Im Modul Bildanalyse wurde das Thema «Farbe und ihre Wirkung» behandelt.
Übersetzung: Die unterschiedlichen Wirkungen von Farbe sind wie geschaffen, um stellvertretend für unterschiedliches Feedback zu stehen.
Tool: Die Studierenden geben nicht mit Worten Feedback, sondern mit Farben. Sie erhalten farbige Karten, die sie hochhalten, um ein Statement abzugeben. Varianten könnten sein: rot/grün, um ja/nein zu stimmen; 4 bis 6 Farben, um eine Grundstimmung zu vermitteln.

**Themenfeld: Stichworte aus bestehenden Feedbackinstrumenten**
Inspiration: Stichwort «Postkarte»
Übersetzung: Um solche Inspirationen zu sammeln, können zum Beispiel die Werkzeuge aus der Toolbox überflogen werden, bis ein Begriff hängenbleibt, der zur Neuinterpretation einlädt.
Tool: Der Workshop zum Thema «Design» findet während der Ferien statt. Die Postkarten werden nun nicht für ein mündliches, sondern für ein schriftliches Feedback genutzt. Dazu werden Postkarten mit unterschiedlichen Bildern aufgelegt. Die Teilnehmenden werden aufgefordert, sich vorzustellen, dass sie in den Ferien sind. Sie wählen eine passende

Karte und schreiben darauf ein Feedback. Die fertigen Postkarten werden in einen vorbereiteten Briefkasten gelegt.

**Themenfeld: Sprachbilder in echte Objekte verwandeln**
Inspiration: Geschenk, Meilenstein, Schlüssel etc.
Übersetzung: Objekte, wie Geschenke, Meilensteine oder der Schlüssel, finden Verwendung als Synonyme für Situationen. Diese bildlichen Bezeichnungen können genutzt werden, um Feedback mit einer dreidimensionalen, wirkungsstarken Komponente zu versehen.
Tool: (a) «Das Geschenk.» Um die Wichtigkeit, den Wert und die positive Wirkung von Feedback zu betonen, spricht die Dozentin von Feedback als Geschenk. Um diesen Worten mehr Kraft zu verleihen, gestaltet sie eine Geschenkbox, in die das Feedback gelegt wird. Die Idee der Geschenkbox wird verwendet, um das Standardtool «Minute Paper» emotionaler zu gestalten. So wird es an das neu gesteckte Ziel, «persönlicheres und bedeutungsstarkes Feedback generieren», angepasst.
(b) «Der Meilenstein.» Um den Stand der Dinge optisch darzustellen, werden bis dahin erreichte und noch zu erreichende Meilensteine gemeinsam genannt. Die Aussagen werden auf Zettel geschrieben, die um echte Steine gewickelt werden. Die Steine werden so ausgestellt, dass auf einer Seite die bereits erreichten und auf der anderen Seite die noch zu erreichenden Ziele stehen. Ist ein neuer Meilenstein erreicht worden, wird er auf die andere Seite gelegt. So wird ein sichtbares Feedback zum Stand der Dinge generiert.

**Themenfeld: Aktuelle Themen, Trends oder Medien**
Inspiration: Plattformen wie WhatsApp, Twitter und Facebook ermöglichen den schnellen Austausch. Mit Likes sein Feedback abzugeben oder in Chats kurze Nachrichten oder Meinungen zu hinterlegen, gehört für viele zum Alltag.
Übersetzung: Die Gruppe im Workshop ist klein, der Austausch ist gut. Der Dozent interessiert sich beim Zwischenstandsfeedback dafür, was die Einzelnen zu den Feedbacks anderer anmerken würden oder was sie ergänzen möchten. Die Zeit ist jedoch etwas zu knapp für eine Gruppendiskussion. So entsteht die Idee zum neuen Tool WhatsApp-Feedback.

Tool: Eine WhatsApp-Gruppe wird erstellt und die Studierenden aufgefordert, Feedback und Anregungen zum Workshop innerhalb eines vorgegebenen Zeitfensters in kurzen Nachrichten an alle zu senden. Auf Feedback soll reagiert und dieses ergänzt werden. So entsteht ein kunterbunter Nachrichtenmix mit Kommentaren und Erweiterungen. Der Dozent fasst diesen Chat zusammen. In der nächsten Lektion wird das Feedback kurz thematisiert und offene Punkte werden angesprochen.

## 4.5 Zusammenfassung

Kernpunkte zu «Werkzeuge, an die Arbeit!»

- Das Fragen nach dem Warum?, Wie?, Wo?, Wann? und Was? liefert die entscheidenden Hinweise, um ein passendes Feedbackwerkzeug zu wählen.
- Der Einsatz verschiedener Feedbackwerkzeuge führt zu umfangreichem Output.
- Der Nutzer ist eingeladen, zu experimentieren und Werkzeuge für den eigenen Zweck anzupassen.

**Bemerkung zum Schluss:** Beim Einsatz von Feedbackwerkzeugen gilt wie bei vielem: «learning by doing». Mein persönlicher Tipp ist: Stellen Sie sicher, dass Sie Spaß am «doing» haben, das «learning» kommt dann ganz von selbst.

1 Siehe auch Kap. 3.5

2 Hallet, Wolfgang: Didaktische Kompetenzen. Stuttgart: Klett Verlag: 2009, S. 161

3 Siehe dazu: Schubiger, Andreas: Lehren und Lernen. Bern: hep Verlag: 2013, S. 144: Informationsverlust durch Kodierung der Wahrnehmung

4 Die «korrekte» Aufschlüsselung von DIY heißt «Do It Yourself». Das «Do» wurde bewusst durch «Design» ersetzt, weil es zuerst darum geht, das Werkzeug zu entwerfen, zu gestalten. Das «Do», also das Machen, findet sowieso statt, wenn Werkzeuge in der Praxis angewendet werden.

# 5 Anhang

## 5.1 Literaturliste, thematisch geordnet

Ein Arbeitsbuch begleitet die Auseinandersetzung mit und die Anwendung von Themen. Passend zu dem Arbeitsbuch, das Sie in den Händen halten, habe ich mich darum für eine etwas ungewohnte Art der Literaturliste entschieden. Anstelle einer Auflistung von Titeln finden Sie mehrere, themenspezifisch sortierte Literaturlisten. Diese erleichtern Ihnen das Auffinden von Literatur zur gezielten Auseinandersetzung mit spezifischen Themen.

**Didaktische Modelle, Planung, Durchführung, Evaluation, Umgang mit Unterricht**

Lehre und Forschung


- Autorenteam, Handbuch für Lehrkräfte: Werkweiser 3 für technisches und textiles Gestalten. Bern: Schulverlag plus, 2014
- Beermann, Susanne; Schubach, Monika: Workshops. Vorbereiten, durchführen, nachbereiten. München: Rudolf Haufe Verlag, 2013
- Brinker, Tobina; Schumacher, Eva-Maria: Befähigen statt belehren. Neue Lehr- und Lernkultur an Hochschulen (Lehrkit mit 66 Methodenkarten). Bern: hep Verlag, 2014
- Crittin, Jean-Pierre: Erfolgreich unterrichten. Bern, Stuttgart, Wien: Haupt Verlag, 2003
- Hallet, Wolfgang: Didaktische Kompetenzen, Lehr- und Lernprozesse erfolgreich gestalten. Stuttgart: Klett Verlag, 2009
- Hattie, John: Lernen sichtbar machen. Baltmannsweiler: Schneider Verlag, 2015
- Hattie, John: Lernen sichtbar machen für Lehrpersonen. Baltmannsweiler: Schneider Verlag, 2014
- Macke, Gerd; Hanke, Ulrike; Viehmann, Pauline: Kompetenzorientierte Hochschuldidaktik. Lehren, vortragen, prüfen, beraten. Weinheim, Basel: Beltz Verlag, 2012
- Meyer, Hilbert: Was ist guter Unterricht? Berlin: Cornelsen Verlag, 2004

- Petersen, Susanne; Unruh, Thomas: Guter Unterricht: Praxishandbuch. Buxtehude: AOL-Verlag, 2012
- Pfäffli, Brigitta: Lehren an Hochschulen. Bern: Haupt Verlag, 2015
- Schubiger Andreas: Lehren und Lernen. Bern: hep Verlag, 2013
- Waldherr, Franz; Walter, Claudia: didaktisch und praktisch, Ideen und Methoden für die Hochschullehre. Stuttgart: Schäffer-Poeschel Verlag, 2014


Feedback und Feedbackkultur

**Wahrnehmung, Unterrichtsqualität, Umgang mit Rückmeldungen**


- Autorengemeinschaft: Lernenden fördernd Feedback geben. Bern: hep Verlag, 2012
- Balzer, Lars; Beywl, Wolfgang: evaluiert: Planungsbuch für Evaluation im Bildungsbereich. Bern: hep Verlag, 2015
- Hardebrodt-Schwier, Elke: So geht's: Feedback geben. Neukirchen-Vluyn: Neukirchner Verlagsgesellschaft, 2012
- Helmke, Andreas: Unterrichtsqualität und Lehrerprofessionalität. Diagnose, Evaluation und Verbesserung des Unterrichts. Seelze: Klett und Kallmeyer Verlag, 2009
- Keller, Hans; Bildungsdirektion Kanton Zürich: Aufbau und Elemente einer Feedbackkultur (pdf) http://www.mba.zh.ch/dam/bildungsdirektion/mba/internet/dienstleistungen_kommunkation/qualit%C3%A4tsentwicklungENTWURF/LS_individualfeedback/aufbau_elemente_einer_feedbackultur.pdf.spooler.download.1395656832035.pdf/aufbau_elemente_einer_feedbackultur.pdf, Zugriff: Juli 2016


Gruppe

**Gruppendynamik, Interventionen, Umgang mit schwierigen Situationen**


- Langmaack, Barbara; Braune, Michael: Wie die Gruppe laufen lernt. Weinheim: Beltz Verlag, 2000
- Keil, Marion; Königswieser, Roswita (Hrsg.): Das Feuer großer Gruppen. Konzepte, Designs, Praxisbeispiele für Großveranstaltungen. Stuttgart: Klett-Cotta, 2008
- König, Oliver (Hrsg.): Gruppendynamik, Geschichten, Theorien, Methoden, Anwendungen, Ausbildung. München: Profil, 2006

- König, Oliver; Schattenhofer, Karl: Einführung in die Gruppendynamik. Heidelberg: Carl-Auer Verlag, 2014
- Schumacher, Eva-Maria: Schwierige Situationen in der Lehre. Methoden der Kommunikation und Didaktik für die Lehrpraxis. Opladen & Farmington Hills: Verlag Barbara Budrich, 2011
- Stahl, Eberhard: Dynamik in Gruppen. Weinheim: Beltz Verlag, 2012


**Theorien und Modelle der Kommunikationslehre, Störungen in der Kommunikation, Umgang mit Gesprächssituationen**

Kommunikation


- Dietz, Angela: Gesundes Kommunizieren. Göttingen: BusinessVillage Verlag, 2013
- Röhner, Jessica; Schütz, Astrid: Psychologie der Kommunikation. Berlin: Springer Verlag, 2012
- Schäfer, Karl-Hermann: Kommunikation und Interaktion. Grundbegriffe einer Pädagogik des Pragmatismus. Wiesbaden: VS-Verlag, 2005
- Pörksen, Bernhard; Schulz von Thun, Friedmann: Kommunikation als Lebenskunst. Heidelberg: Carl-Auer Verlag, 2016
- Schmidt, Thomas: Kommunikationstrainings erfolgreich leiten. Bonn: Manager Seminare Verlag, 2009
- Schulz von Thun, Friedmann: Miteinander reden I. Störungen und Klärungen. Allgemeine Psychologie der Kommunikation. Reinbek bei Hamburg: Rowohlt Verlag, 2010
- Schumacher, Eva-Maria: Schwierige Situationen in der Lehre. Methoden der Kommunikation und Didaktik für die Lehrpraxis. Opladen & Farmington Hills: Verlag Barbara Budrich, 2011
- Watzlawik, Paul; Beavin, Janet; Jackson, Don: Menschliche Kommunikation. Bern: Huber Verlag, 2011


**Tipps für die Praxis, Methoden-Sammlungen, Umgang mit unterschiedlichen Unterrichtssituationen**

Methoden


- Brinker, Tobina; Schumacher, Eva-Maria: Befähigen statt belehren. Neue Lehr- und Lernkultur an Hochschulen (Lehrkit mit 66 Methodenkarten). Bern: hep Verlag, 2014
- Hauser, Bernhard; Humpert, Wilfried: signifikant? Einführung in statistische Methoden für Lehrkräfte. Zug: Klett und Balmer Verlag, 2009

- Knoll, Jörg: Kurs- und Seminarmethoden. Weinheim, Basel: Beltz Verlag, 2007
- Sachsenmeier, Ingeborg (Hrsg.): Workshops, Seminare und Besprechungen. Mit Kreativität und Methode zum sicheren Erfolg. Weinheim und Basel: Beltz Verlag, 2009
- Schubiger, Andreas: Lehren und Lernen. Bern: hep Verlag, 2013
- Wallenwein, Gudrun: Spiele: Der Punkt auf dem i. Kreative Übungen zum Lernen mit Spaß. Weinheim, Basel: Beltz Verlag 2011
- Weidenmann, Bernd: Erfolgreiche Kurse und Seminare. Weinheim, Basel: Beltz Verlag, 2011


Weiteres Umfeld

**Theorien, Haltungen, Inspirationen**


- Beetz, Jürgen: Feedback. Wie Rückkopplung unser Leben bestimmt und Natur, Technik Gesellschaft und Wirtschaft beherrscht. Berlin: Springer Spektrum Verlag, 2016
- Belliger, Andréa (Hrsg.): ANThology. Ein einführendes Handbuch zur Akteur-Netzwerk-Theorie. Bielefeld: transcript Verlag, 2006
- Fischli, Peter; Weiss, David: Findet mich das Glück? Köln: Walther König Verlag, 2003
- Lewrick, Michael; Link, Patrick; Leifer, Larry (Hrsg.): Das Design Thinking Playbook. Zürich: Versus Verlag, 2017
- Steiner, Verena: Exploratives Lernen. Der persönliche Weg zum Erfolg. Ein Arbeitsbuch für Studium, Beruf und Weiterbildung. München und Zürich: Pendo Verlag, 2013
- Schüpbach, Jürg: Nachdenken über das Lehren. Bern: Haupt Verlag, 2007

## 5.2 Nachwort

«Das Verhalten eines Systems wird von seiner Vergangenheit beeinflusst»[1] ist eine Aussage, die klarmacht, dass es in jedem Feld Einflüsse gibt, die nachwirken. So ist Feedback in der Lehre von unterschiedlichen Vergangenheiten (Schüler, Dozent, Institut, Kultur etc.) beeinflusst. Hier kommen Sie ins Spiel, denn das System ist auch von dem beeinflusst, was in der Gegenwart beigetragen wird. Was Sie heute im Umgang mit Feedback ändern, ist morgen die Vergangenheit, die Ihr System und somit auch das System anderer Akteure beeinflusst. Sie sehen: Vergangenheit, Gegenwart und Zukunft liegen auch in Ihrer Hand.

Vergangenheit, Gegenwart, Zukunft

Mein Dank geht an all jene, die mich in meiner Arbeit als Dozentin täglich inspirieren. Das sind meine Studentinnen und Studenten, meine Mitdozierenden, meine Arbeitgeber und meine Kinder. Wegen ihnen habe ich dieses Buch geschrieben.
Ich danke meinem Mann und meiner Familie für die Unterstützung und den steten Glauben an meine Projekte. Ursula Kohler danke ich für ihr sorgfältiges Feedback, dass mich bei den Texten für dieses Buch begleitet hat. Martin Lind und dem Haupt Verlag danke ich für die Offenheit gegenüber meinen Ideen und die professionelle Begleitung bei jedem Detail.

Danksagung

1 Beetz, Jürgen: Feedback. Wie Rückkopplung unser Leben bestimmt und Natur, Technik Gesellschaft und Wirtschaft beherrscht. Berlin: Springer Spektrum Verlag, 2016, S. 186

Wie kann die IV zur Bereicherung für das eigene Studium werden?

Was kann sich durch die Teilnahme an der IV verändern?

7) Wie könnte die IV weiter entwickelt werden?

Welchen Einfluss haben die Studierenden auf die IV?

S.55 1) Wohin solltest ~~ich~~ Du auf die IV gehen?

2) Wie kommst Du in die IV vorab?

3) usw.

S.46 5) Wie findest Du die Gruppenarbeit?

6) Hast du dich in der Gruppe wohlgefühlt?

4) Welche Entwicklung könnte die Praxis haben?

Ziel des Teedbacks

Termin zur Besprechung